LA VIDA

cristiana

Una guía bíblica para nuevos convertidos

Roberto Tinoco

WESTBOW
PRESS®
A DIVISION OF THOMAS NELSON
& ZONDERVAN

Puede hacer pedidos de libros de WestBow Press en librerías o poniéndose en contacto con:

WestBow Press
A Division of Thomas Nelson & Zondervan
1663 Liberty Drive
Bloomington, IN 47403
www.westbowpress.com
1 (866) 928-1240

ISBN: 978-1-5127-9448-9 (tapa blanda)
ISBN: 978-1-5127-9447-2 (tapa dura)
ISBN: 978-1-5127-9449-6 (libro electrónico)

Número de Control de la Biblioteca del Congreso: 2017910987

Información sobre impresión disponible en la última página.

Fecha de revisión de WestBow Press: 07/12/2017

TABLA DE CONTENIDO

PRÓLOGO

Tengo el enorme agrado y el privilegio de presentar este libro, cuyo autor no sólo es un colega del ministerio, sino también un gran amigo que Dios me ha concedido. Sobre la presente obra suya, diré que no es tarea fácil presentar temas complejos de un modo sencillo y amigable, pero el autor ciertamente lo ha logrado. Estoy seguro de que *La vida cristiana* llegará a muchas bibliotecas, no sólo de ministros de la Iglesia sino también de laicos que procuran atesorar conocimientos sobre estos apasionantes temas y compartirlos con otros, especialmente con aquellos que dan sus primeros pasos en el hermoso camino de la Fe en Cristo Jesús. Felicito y agradezco al obispo Roberto Tinoco por traernos esta preciosa guía hacia la vida abundante que Jesús nos prometió y animo al lector a ir más allá de las páginas del libro y atreverse a llevar a la práctica los sabios principios que en él se comparten. Además, espero que disfruten de su lectura tanto como yo he disfrutado su edición.

Gabriel Pereira das Neves
Lisboa, Portugal
Mayo de 2017

AGRADECIMIENTOS

La Vida Cristiana es un libro que Dios me concedió escribir como una herramienta para pastores, ministros y líderes, para la tarea de capacitar a todos aquellos que comienzan su nueva vida en Cristo. Es por eso que deseo agradecer a Dios por el privilegio que me da de poder escribir sobre este tema tan interesante y fundamental para el cristiano. Le doy gracias a mi esposa Normita y a mis tres hijos Becky, Alex y Bobby por el respaldo incondicional a nuestro ministerio. Deseo reconocer además el impacto de las enseñanzas sobre la fe y doctrina que aprendí del Obispo Juan Fortino, actual Presidente de la Asamblea Apostólica y de todos mis profesores del seminario que han formado mi carácter y han dado claridad a los temas bíblicos que aquí se exponen. Le doy gracias al Obispo Elías Páez por motivarme a escribir este material, al Misionero de Portugal, Gabriel Pereira das Neves por revisarlo y corregirlo así como a muchos otros colegas del ministerio. Por último, agradezco a la Iglesia de Homestead, Florida, que ha sido mi taller de entrenamiento para el ministerio por su comprensión y apoyo. Dios les bendiga a todos, siempre.

Dr. Roberto Tinoco
Homestead FL. EE.UU.
Abril de 2017

INTRODUCCIÓN

La vida cristiana es algo muy hermoso que se experimenta desde el día en que uno se convierte al Señor. Es maravilloso caminar cerca de Jesús, saber que Él va con uno y gozar de su presencia y bendiciones. Sin embargo, en la vida cristiana —aunque es hermosa— no podemos descartar que haya muchos tropiezos, luchas y tribulaciones. Mucha gente comienza la vida cristiana con entusiasmo, pero cuando vienen las luchas y pruebas, abandona la carrera y deja al Señor. Es por eso que en este libro se tratan temas que son de vital importancia para vivir en victoria.

Es necesario aclarar que este libro ha sido diseñado para ayudar a aquellos que han comenzado a caminar con Cristo o están recién convertidos y no incluye las doctrinas fundamentales que usualmente se imparten antes del bautismo. No obstante, este libro puede ser usado por pastores, ministros y líderes para ayudar a todos aquellos nuevos miembros del cuerpo de Cristo, para que aprendan lo básico de la vida cristiana.

En este libro el lector aprenderá detalles sobre la vida cristiana, su significado y los temas básicos de la fe que le ayudarán a entender la nueva vida en Cristo. Además, aprenderá sobre la necesidad de crecer en Cristo, utilizando los recursos que Dios ha provisto para que el nuevo creyente crezca hasta parecerse a Cristo y que pueda madurar. Aprenderá sobre el significado de la conversión y su aplicación en la vida diaria, la vida regenerada, sus implicaciones y lo que se espera de una persona convertida a Cristo. También aprenderá que los cristianos enfrentan luchas, pruebas y tentaciones todos los días, pero que éstas son parte del proceso de crecimiento. Así que el lector aprenderá cómo salir victorioso de cada una de estas situaciones si utiliza bien las armas espirituales que Dios le ha dado para ello.

Además, el lector aprenderá sobre la vida en el Espíritu Santo y cómo ésta puede influir, no sólo en el comportamiento, sino también en el desarrollo de su vida espiritual. En este libro enseñaremos sobre las disciplinas espirituales, a saber: la oración, el ayuno y el estudio de la Biblia. El lector aprenderá también lo básico de ellas y cómo llegar a implementar estas prácticas en su vida diaria. Por último, este libro enseñará sobre la importancia de que el creyente asista a la iglesia, rinda culto a Dios y viva una vida bendecida en Cristo. También sobre sus relaciones personales y el llamado de Dios para servirle y testificar a otras personas de lo que Dios ha hecho en su vida.

Consideramos que este libro será de bendición para todo aquel que comienza su caminar con Cristo y que el mismo le ha de ayudar en cada área de su vida para servir mejor a Dios y a su Iglesia. Por lo tanto, aconsejamos que éste se estudie y se considere con cuidado lo que aquí presentamos.

Capítulo 1

LA VIDA CRISTIANA

*"De modo que si alguno está en Cristo, nueva criatura es;
las cosas viejas pasaron; he aquí todas son hechas nuevas."*
(2 Corintios 5.17)

~~~~~~

INTRODUCCIÓN

La vida en Cristo es lo más maravilloso que puede existir, sin embargo, hay que aprender a vivirla. Muchas personas se acercan a la Iglesia buscando la solución a sus problemas y, en efecto, es precisamente en la Iglesia donde pueden encontrar dicha solución. Pero acercarse a la Iglesia no es lo único que las personas deben hacer. La vida cristiana abarca mucho más que asistir a un templo cristiano. En este caminar con Cristo, frecuentemente se ven creyentes desfilar por la Iglesia; creyentes que se entregan a Cristo y se bautizan pero después —cuando vienen los problemas o las dificultades— lamentablemente abandonan el Camino. Esto sucede probablemente porque ellos no estaban listos para servir a Dios o quizás, porque no conocieron lo básico de la vida cristiana. En este capítulo, el lector aprenderá precisamente eso, cómo se vive la vida cristiana, y qué es lo que

Dios espera de él. Además, ofreceremos varios consejos para que este camino sea una experiencia de bendición.

I. ENTENDIENDO LA VIDA CRISTIANA

Se entiende por vida cristiana aquel estilo de vida que adopta el creyente al convertirse a Cristo, la forma de vivir que Jesús enseñó por medio de sus Apóstoles y su Iglesia que Él estableció. En otras palabras, cuando alguien es llamado por Cristo, hay una conversión a una nueva vida, a un nuevo modo de ser y a un nuevo ámbito al cual pertenecer. El apóstol Pablo declara esto enfáticamente: *"De modo que si alguno está en Cristo, nueva criatura es; las cosas viejas pasaron; he aquí todas son hechas nuevas."* (2 Corintios 5.17)

Toda persona que se ha convertido a Cristo experimenta un cambio de vida, incluso un cambio de oficio o actividad. Veamos algunos ejemplos.

Pedro y Andrés fueron los primeros que reclutó Jesús para que fueran sus discípulos, con unas palabras tan poderosas como estas: *"Venid en pos de mí, y os haré pescadores de hombres."* (Mateo 4.19) Ellos eran pescadores de oficio, que al ser llamados por Jesús no dudaron en dejar sus redes y seguir al Maestro. De allí en adelante los vemos en el Evangelio y el libro de los Hechos caminando con Jesús, haciendo las cosas que Jesús hace y, por último, dirigiendo la Iglesia del Señor.

Jacobo y Juan también cambiaron de vida y de oficio. Así como Pedro y Andrés, ellos eran pescadores pero cuando fueron llamados por Jesús, dejaron las redes —y a su padre— y le siguieron (Mateo 4.21-22). Jacobo y Juan entendieron que una nueva etapa de sus vidas iniciaba ese día, y por lo tanto aún su oficio de siempre debía ser cambiado por uno nuevo: el de "pescadores de hombres". El hecho de dejar las redes —que representaban el método de generar sus ingresos, el sustento de sus respectivas familias— significó para ellos entrar en una etapa de total dependencia de Jesús, bajo la promesa de que nada les faltaría. También implicó la conexión a una nueva familia, pues dejaron a su padre para ser adoptados en la familia de Jesús.

Mateo era un cobrador de impuestos que dejó su trabajo remunerado por seguir a Jesús (Mateo 9.9). De la misma forma que los pescadores, Mateo se lanzó en una aventura seguramente sin precedentes en su vida. Desde el momento que fue tras Jesús, Mateo dependería de lo que Jesús hiciera por él, ya que su labor como cobrador de impuestos había quedado en el pasado.

Pablo, otro ejemplo, era un judío celoso de la ley que perseguía a la Iglesia creyendo que hacía un bien a la fe de su nación. Pero cuando fue confrontado por Jesús, cambió su manera de vivir. Dios trató con él enérgicamente, dejándolo ciego pero al recibir a Cristo y ser bautizado, fue sanado y comenzó a predicar el Evangelio de inmediato. Hechos 9 (estudiar este capítulo) nos dice que la gente se quedaba atónita al oír a Pablo.

Estos ejemplos bíblicos nos enseñan que todo aquel que es llamado por Jesús a seguirle tendrá que dejar algo o cambiar algo y comenzar una nueva vida. Cuando tú hiciste el compromiso de servir a Jesús, diste inicio a una nueva etapa de tu vida pero necesitas aprender a recorrer la misma, a vivir apropiadamente tu nueva vida en Cristo.

II. LA VIDA CRISTIANA ES UNA CARRERA

Una excelente analogía para ilustrar la vida cristiana es la carrera de atletismo. Pablo emplea dicha analogía en algunas de sus cartas. Tomemos este asunto en consideración. La vida cristiana, según el apóstol Pablo, se asemeja a una carrera de atletismo donde todos somos corredores (2 Timoteo 4.7). Según el Apóstol, todos los creyentes estamos en una carrera que comenzó el día en que fuimos bautizados y terminará cuando el Señor decida llevarnos con Él. Pablo dice también que todos debemos correr para obtener el premio (1 Corintios 9.24). De esta analogía podemos aprender varias cosas, que detallaremos a continuación.

A. Las carreras y su semejanza con la vida cristiana

En el atletismo existen varios tipos de carreras. Por ejemplo las carreras de media y larga distancia, las carreras con obstáculos, las carreras de relevos y las carreras de campo entre otras. Algunas de las carreras que se practicaban en el tiempo de los Apóstoles —y todavía hoy se practican— guardan una estrecha relación con la vida cristiana. Veamos:

1. Carreras de larga distancia. Son las carreras más largas del mundo del atletismo. Las distancias de estas carreras varían desde los 5 kilómetros hasta los 42 kilómetros, que es la distancia del Maratón. La relación de este tipo de carrera con la vida cristiana se encuentra en el hecho de que la carrera cristiana no es de corta ni de media distancia, sino larga. Es una carrera que dura toda la vida. Como creyentes debemos entender que ser cristianos es una carrera para toda la vida y no solo para unos meses o años. ¡Uno debe ser cristiano hasta la muerte!

2. Carrera con obstáculos. En esta carrera, el atleta debe completar cierta distancia saltando sobre unas barreras que están sobre la pista. Las barreras son colocadas estratégicamente en el camino del atleta y están diseñadas para hacerlo caer. Del mismo modo, en la carrera cristiana se presentan muchos obstáculos que el enemigo pone en nuestro camino con el solo propósito de hacernos caer.

3. Carreras de campo. Este tipo de carrera es uno de los más difíciles pues, al correrse en campo abierto, el corredor puede encontrarse con prácticamente de todo en su camino. El atleta quizás deba atravesar valles, montes, ríos y otros tipos de terreno difíciles de cruzar. La carrera de campo es una de las que más se asemeja a la vida cristiana, pues uno sencillamente no sabe con qué se va a encontrar en este camino, pero ¡gracias a Dios!, Cristo va con nosotros.

B. Consideraciones sobre la carrera cristiana

1. Se tiene que correr toda la carrera. En competencias como las que hemos analizado, se tiene que correr hasta el final. No es válido correr sólo parte de la carrera, la misma ha de ser completada. ¿Cómo puede alguien ganar si no llega a la meta final? De igual manera en la vida cristiana nadie es coronado sino llega hasta el final.

2. El corredor no debe detenerse o abandonar la carrera. En esta carrera, si uno se detiene, alguien más se queda con el premio. Pablo insta a los creyentes a correr hasta obtenerlo (1 Corintios 9.24). En la carrera cristiana, no cuentan los años que un creyente corra, o lo rápido que corra, sino que llegue hasta el final.

3. Esta carrera se tiene que correr con paciencia. Uno de los elementos fundamentales de la vida cristiana es la paciencia. Si uno no está dispuesto a tener paciencia, pronto se desesperará y —claro está— se rendirá. Acerca de esto la Biblia nos dice lo siguiente: *"...despojémonos de todo peso y del pecado que nos asedia, y corramos con paciencia la carrera que tenemos por delante."* (Hebreos 12.1)

   La paciencia es una virtud que nos ayuda a atravesar pruebas y dificultades. La paciencia nos permitirá correr persistentemente y mantenernos firmes.

4. Se tiene que correr tomado de la mano de Cristo. Otra cosa fundamental para llegar hasta el final es ir tomado de la mano de Jesús o poniendo la vista en Él. La Biblia nos aconseja lo siguiente: *"Puestos los ojos en Jesús, el autor y consumador de la fe..."* (Hebreos 12.2) El cristiano debe caminar, no mirando a las personas con los defectos y errores que puedan tener, sino a Cristo. Si un creyente quita su vista de Jesús o si se suelta de su mano, seguramente caerá.

C. El premio por correr la carrera

Una de las cosas más importantes de esta carrera es que no se corre en vano. Al final de la misma, cada corredor recibe su premio por haber alcanzado la meta. El apóstol Pablo dijo después de haber "peleado la buena batalla" y acabado su propia carrera: *"...me está guardada la corona de justicia, la cual me dará el Señor, juez justo, en aquel día; y no sólo a mí, sino también a todos los que aman su venida."* (2 Timoteo 4.8)

Aunque el cristiano no debe correr motivado por el premio —pues el mayor premio que podemos tener es estar en la presencia de Cristo aquel día— la Biblia asegura que Dios recompensará a todos aquellos que logren llegar.

III. CLAVES PARA VIVIR LA VIDA CRISTIANA

El objetivo de este libro es ayudarte a que tengas éxito en tu vida cristiana y para que eso sea posible, para que seas un buen cristiano que permanezca fiel en su servicio a Dios, necesitas conocer algunas claves. A continuación veremos tres claves o consejos básicos que como creyente en Cristo debes tomar muy en cuenta.

A. Entregarse a Cristo en cuerpo y alma

Cristo espera del nuevo creyente una entrega total a Él. Esta es la primera clave para tener éxito en la vida cristiana. Un verdadero cristiano que ha entregado todo a Dios, jamás podrá ser apartado de Su presencia. Veamos dos cosas importantes:

1. Jesús demanda de nosotros una entrega total. Él no acepta menos que todo nuestro ser. *"Amarás al Señor tu Dios con todo tu corazón, y con toda tu alma, y con toda tu mente. Este es el primero y grande mandamiento."* (Mateo 22.37-38) Aquí se nos manda que amemos a Dios con todo el corazón. Es decir que no podemos amarle parcialmente o con un corazón dividido.

También se nos dice que le amemos con toda el alma, esto es, con lo más profundo de nuestro ser. Y se nos manda a amarle con toda nuestra mente, es decir, que pensemos en Él en todo tiempo. Esto es entrega total.

2. Jesús nos pide todo. La predicación de Jesús a sus seguidores era directa: *"Si alguno quiere venir en pos de mí, niéguese a sí mismo, tome su cruz cada día y sígame. Porque todo el que quiera salvar su vida, la perderá; y todo el que pierda su vida por causa de mí, éste la salvará."* (Lucas 9.23-24) Si uno no está dispuesto a darle a Dios todo su ser y todas sus posesiones, uno no podrá vivir la vida cristiana como Dios quiere. Muchas veces Dios nos va a pedir las cosas que más amamos o deseamos, y aún aquellas que son más importantes para nosotros. ¡Tenemos que dárselas a Él! Negarse a sí mismo significa que hay ocasiones en que vamos a querer algo, pero nos lo tendremos que negar por Dios. Tomar la cruz cada día significa servir a Dios aunque ello nos cause problemas, afrenta e incluso enemistades. Como cristiano, necesitas aprender a negarte a ti mismo y darle todo a Jesús.

B. Hacer un compromiso firme de servirle

El segundo elemento clave de la vida cristiana es hacer un compromiso de servirle a Dios todos los días de la vida y no solamente los días en que "tengo tiempo". Compromiso firme significa "en las buenas y en las malas". Alguien que una vez quiso seguir a Jesús, dijo: *"Señor, te seguiré adondequiera que vayas."* (Lucas 9.57) Precisamente así debe ser tu compromiso con Dios. Debes estar dispuesto a ir adonde Él va, adonde Él desee llevarte. Dos elementos fundamentales del servicio comprometido a Dios son:

1. Nuestro "culto racional" (Romanos 12.1). El culto o servicio de la iglesia local es para que asistas a él periódicamente, para

adorar a Dios, participar de la alabanza pública a Él y darle tus diezmos y ofrendas entre otras cosas. Dios nos manda a congregarnos (Hebreos 10.25) para ofrecerle nuestro culto racional.

2. Nuestro ministerio. Todos hemos recibido uno o más dones de parte de Dios, que debemos desarrollar (1 Corintios 12.1-11) para cumplir nuestro ministerio y el compromiso de servirle a Él.

C. Dejarse transformar por Dios

Por último, está la clave de permitir en nosotros la transformación. Cuando tú viniste al camino de Dios, debiste entender y asumir que tu vida entraría en un proceso de transformación y formación. Transformación significa aquí que Dios ha hecho de ti una nueva persona y formación, que Dios está haciendo de ti lo que Él quiere que seas. Pero todo eso sucede sólo si tú lo quieres. Cuando Jesús llamó a sus discípulos y les dijo: *"Venid en pos de mí, y os haré pescadores de hombres."* (Mateo 4.19), en aquello los convirtió precisamente, en pescadores de hombres pero sólo después de que ellos le siguieron. Dios hará en nosotros sólo aquello que le permitamos hacer.

CONCLUSIÓN

Concluimos este primer capítulo reiterando que la vida cristiana es la más hermosa que hay, cuando el que la vive conoce lo que ella significa y lo que debe hacer para vivirla al máximo. Recuerda siempre que tu vida cristiana es una carrera que comenzó cuando fuiste bautizado y terminará cuando Cristo te lleve y que, para vivirla a pleno, debes entregarte a Él en cuerpo y alma, avanzando todos los días con paciencia. Y ten siempre presente que ahora vives una vida nueva, que las cosas viejas pasaron, y que todo en ti ha sido hecho nuevo porque estás en Cristo Jesús. Amén.

Capítulo 2

CRECIENDO EN CRISTO

"...sino que siguiendo la verdad en amor,
crezcamos en todo en aquel que es la cabeza, esto es, Cristo..."
(Efesios 4.15)

〰️〰️

INTRODUCCIÓN

Conocer a Cristo es lo más maravilloso que le puede suceder a una persona. Tener a nuestro alcance la Palabra de Dios y disfrutar cada día de una relación con Jesús es la más hermosa experiencia sin lugar a dudas. Pero esta experiencia no es algo estático, sino dinámico. Como cristianos, no podemos quedarnos en un mismo lugar, renunciando al crecimiento o progreso. Por el contrario, los creyentes tenemos la responsabilidad de crecer para ser mejores y esto es algo que debemos hacer todos los días. En este capítulo tú aprenderás el proceso de crecimiento que Dios ha diseñado para ti como nuevo creyente a fin de conducirte a la madurez espiritual.

I. EL COMIENZO DE LA NUEVA VIDA

Desde el momento en que fuiste bautizado y te convertiste al Señor, pudiste apreciar que algo especial estaba sucediendo contigo. Al salir de las aguas bautismales, una nueva vida comenzó para ti. Se trata de la vida cristiana, la cual te ha dotado de preciosos privilegios, pero también de serias responsabilidades. Una de esas responsabilidades es crecer espiritualmente en Jesús.

Desde el comienzo de esta nueva vida, has estado dando tus primeros pasos, así como un bebé. Del mismo modo que unos padres esperan que su pequeño hijo desarrolle la habilidad de caminar, Dios espera que tú camines firme en la vida cristiana. Esto se logra progresando y creciendo en Cristo, recorriendo paulatinamente el camino hasta llegar a ser un buen cristiano. Precisamente para eso fue escrito este libro, para enseñarte los primeros pasos de tu nueva vida en Cristo.

El apóstol Pablo escribió a sus discípulos de Corinto lo siguiente: *"Así que, hermanos míos amados, estad firmes y constantes, creciendo en la obra del Señor siempre, sabiendo que vuestro trabajo en el Señor no es en vano."* (I Corintios 15.58) Una de las preocupaciones del Apóstol era que los hermanos corintios se distrajeran con otras cosas y descuidaran su crecimiento espiritual, así que los estimuló por medio de su carta a buscar el crecimiento constantemente.

Pablo también animó a la iglesia en Colosas a vivir la vida cristiana dignamente, agradando al Señor: *"...que andéis como es digno del Señor, agradándole en todo, llevando fruto en toda buena obra, y creciendo en el conocimiento de Dios."* (Colosenses 1.10) En esa misma línea, el Apóstol felicitó a los hermanos de Tesalónica por haber crecido en fe y amor para con los demás: *"Debemos siempre dar gracias a Dios por vosotros, hermanos, como es digno, por cuanto vuestra fe va creciendo, y el amor de todos y cada uno de vosotros abunda para con los demás."* (2 Tesalonicenses 1.3)

II. EL SIGNIFICADO DE CRECIMIENTO

La palabra crecimiento viene del vocablo griego *auxáno*, que básicamente significa agrandar. Se puede usar literal o figurativamente para expresar la idea de crecimiento o aumento.[1] Si aplicamos lo anterior a lo espiritual, podemos decir que los hermanos que han crecido, lo han hecho sencillamente gracias a que han logrado aumentar su conocimiento y experiencia, a que se han "agrandado" espiritualmente. Ese es precisamente el objetivo que aquí perseguimos, que tú crezcas en todos los sentidos.

Preguntémonos: ¿Por qué algunos hermanos logran cambiar y mostrar una actitud nueva y mejor ante las situaciones difíciles de la vida? ¿Cómo es que ellos se vuelven personas que avanzan en el conocimiento de Dios, personas productivas y de buenas obras? La respuesta a estas preguntas es: ¡Ellos han crecido! Cuando alguien no crece en su caminar con Dios, ocurre exactamente lo contrario: su vida espiritual no avanza y el fruto no puede formarse.

III. LA IMPORTANCIA DEL CRECIMIENTO

El crecimiento es muy importante en la vida de todo creyente. A través del mismo, el hijo de Dios demuestra estar avanzando, superándose, prosperando. Se ha dicho siempre que el crecimiento es evidencia de salud y que, cuando no hay crecimiento, algo anda mal; alguna enfermedad debe estarlo frenando. Que el crecimiento sea sinónimo de salud y su ausencia sinónimo de enfermedad nos habla de que, para poder crecer espiritualmente, debemos estar sanos espiritualmente.

La Iglesia tiene la obligación ante Dios de proveer toda la información y enseñanza necesarias para que el creyente se desarrolle y crezca, no solo en conocimiento, sino en espiritualidad. Ya Dios le ha provisto los recursos para ello. Pablo encomendó al pastor Timoteo

---

[1] James Strong, *Nueva Concordancia Strong Exhaustiva* (Nashville, TN – Miami, FL: Editorial Caribe, 2002).

lo siguiente: " *...que prediques la palabra; que instes a tiempo y fuera de tiempo; redarguye, reprende, exhorta con toda paciencia y doctrina.*" (2 Timoteo 4.2) El propio Pablo se puso como ejemplo de esto, al decir: *"Lo que has oído de mí ante muchos testigos, esto encarga a hombres fieles que sean idóneos para enseñar también a otros."* (2 Timoteo 2.2) Es la voluntad de Dios que crezcamos en conocimiento y sabiduría delante de Él. En eso consiste la vida cristiana, en un crecimiento continuo en todas las áreas de nuestra vida. Como nuevo creyente debes preocuparte por crecer y evitar quedarte estancado.

IV. DIOS HA PROVISTO LOS MEDIOS DE CRECIMIENTO

Ya hemos dicho que nuestro Dios ha provisto los medios para que sus hijos alcancemos el nivel de espiritualidad suficiente para parecernos a Él. Esa es Su voluntad. Analicemos ahora lo que Pablo dice a los hermanos efesios en el capítulo 4 de su carta a ellos. Se trata de un texto muy enriquecedor, que establece fundamento para *lo que queremos desarrollar, que es el crecimiento espiritual:*

"Y él mismo constituyó a unos, apóstoles; a otros, profetas; a otros, evangelistas; a otros, pastores y maestros, a fin de perfeccionar a los santos para la obra del ministerio, para la edificación del cuerpo de Cristo, hasta que todos lleguemos a la unidad de la fe y del conocimiento del Hijo de Dios, a un varón perfecto, a la medida de la estatura de la plenitud de Cristo." (Efesios 4.11-13)

A. Dios ha provisto el liderazgo necesario para el crecimiento

Aquí tenemos un elemento fundamental para el crecimiento del cristiano: el liderazgo espiritual. La Palabra dice en el verso 11 que Dios mismo constituyó apóstoles, profetas, evangelistas, pastores y maestros. Aquí se nos habla de diferentes niveles de cobertura espiritual: los apóstoles establecían las iglesias, pero recibían revelación a través de los profetas, el Evangelio se difundía por medio de los evangelistas y los pastores por su parte cuidaban de las congregaciones impartiendo la enseñanza. El propósito de Dios es proveer un crecimiento completo a través de un liderazgo integral en su Iglesia.

B. Dios quiere que los santos sean equipados para el ministerio

Verso 12: *"A fin de perfeccionar a los santos, para la obra del ministerio."* Los elementos escogidos por Dios que ya hemos mencionado, tienen el propósito de perfeccionar a los santos para el servicio. La palabra perfeccionar viene del griego *katartisis*, que significa "equiparse por completo"[2]. Los ministerios de la Iglesia existen para equipar completamente a los santos para la obra del ministerio. En otras palabras, el liderazgo espiritual hace las cosas —obra— a través de los santos que son perfeccionados, los santos que crecen espiritualmente.

C. Dios quiere edificarnos para el crecimiento

La expresión de Pablo *"edificación del cuerpo de Cristo"* indica que la Iglesia está en plena construcción. La obra del ministerio que día a día edifica o construye la Iglesia es la que lleva a cabo esta construcción, para que el cuerpo de Cristo alcance la estatura que debe tener.

D. Dios quiere que todos seamos uno para el crecimiento

En el verso 13, Pablo habla de una estatura ideal para el hijo de Dios, que él llama *"estatura de la plenitud de Cristo"*. Esto nos dice que la meta del crecimiento del cristiano es llegar a ser como Cristo. Necesitamos mirarnos cada día en el "espejo" de Cristo para saber si vamos pareciéndonos a Él, o no. La plenitud de Cristo es la medida que debemos alcanzar. Pero no la podemos alcanzar solos. Para crecer

---

[2] James Strong, *Nueva Concordancia Strong Exhaustiva* (Nashville, TN – Miami, FL: Editorial Caribe, 2002).

hasta esta plenitud, necesitamos estar unidos en la fe y el conocimiento de Dios; ser uno con nuestros hermanos, ser perfectos en unidad tal como Cristo pidió (Juan 17.21,23).

E. El cristiano crecido no será arrastrado por cualquier doctrina

Por último, el Apóstol afirma que una persona que no crece como debe, queda enana o en condición de niño: *"Para que ya no seamos niños fluctuantes, llevados por doquiera de todo viento de doctrina …sino que siguiendo la verdad en amor, crezcamos en todo en aquel que es la cabeza, esto es, Cristo."* (Efesios 4.14-15) La condición de enanismo espiritual implica un serio riesgo para el cristiano. Lo hace vulnerable a los vientos de doctrinas falsas, cuyo único propósito es confundir la mente del creyente y desviarle del Camino. Sólo quienes se preocupan por el crecimiento espiritual de sus vidas logran permanecer fieles en su servicio a Dios a lo largo del tiempo.

V. ÁREAS DE CRECIMIENTO

Hay áreas de crecimiento en la vida del cristiano que se deben examinar. Dichas áreas son indispensables para crecer y sobre todo para alcanzar la madurez que el hijo de Dios necesita para recorrer este camino.

A. Espiritual

En 1 Corintios 2.14-15 se ponen en contraste dos clases de hombre: el hombre "natural" y el hombre "espiritual". De acuerdo con esta y otras Escrituras, hombre natural es aquel que no puede discernir o entender las cosas espirituales, pues su corazón se inclina a lo humano, lo carnal, mundano o profano. El hombre espiritual, en cambio, juzga o analiza todas las cosas desde una perspectiva espiritual y, de acuerdo con Pablo, no puede ser juzgado por nadie.

De esta tipificación se desprende el concepto de que el crecimiento espiritual nos hace estar más cerca de Dios, y nos otorga ciertas capacidades espirituales que a su vez nos hacen más fuertes y diestros, especialmente en el manejo de los asuntos de Dios.

B. Moral

El crecimiento moral por su parte produce un cambio total en nuestro carácter cristiano, así como en nuestro comportamiento o conducta. La iglesia local juega aquí un papel preponderante, pues la conducta moral del creyente va siendo trabajada diariamente a través de las enseñanzas dadas en la iglesia a sus miembros. Dios emplea también otros medios que ayudan a las personas a crecer en su vida moral, por ejemplo la escuela o el colegio.

C. Intelectual

El crecimiento intelectual es determinante para establecer y afirmar el conocimiento del Señor en nosotros, conocimiento de su Santa Palabra, conocimiento de las doctrinas bíblicas —rudimentarias al principio y más complejas después— y conocimiento de las estrategias con las cuales poder trabajar más eficazmente para Él. El autor de la epístola a los Hebreos nos invita a marchar adelante en el crecimiento intelectual: *"Por tanto, dejando ya los rudimentos de la doctrina de Cristo, vamos adelante a la perfección; no echando otra vez el fundamento del arrepentimiento de obras muertas, de la fe en Dios, de la doctrina de bautismos, de la imposición de manos, de la resurrección de los muertos y del juicio eterno."* (Hebreos 6.1) Un cristiano, por lo tanto, debe ir superándose en lo intelectual para ser cada día mejor y alcanzar el tamaño de Cristo también en esta área.

VI. EL PROCESO DE CRECIMIENTO

Pablo enseñaba que el crecimiento en la vida cristiana es un proceso. Observemos la interesante manera en que él lo plantea a los hermanos corintios, empleando su propia niñez como analogía: *"Cuando yo era niño, hablaba como niño, pensaba como niño, juzgaba como niño; mas cuando ya fui hombre, dejé lo que era de niño."* (I Corintios 13.11)*La Concordancia Strong* explica que la palabra traducida aquí como "niño" es *népios*, del idioma griego, cuyo significado es infante o bebé, es decir, uno que aún no habla. En términos espirituales, esta palabra puede entonces asociarse con la idea de un creyente inmaduro y hay clara intencionalidad de Pablo al usar *népios* en lugar de *paidon*, que es la palabra griega más comúnmente usada en el Nuevo Testamento para referirse a niño y en particular a niño pequeño[3].

Con el propósito de contrastar fuertemente la idea de creyente inmaduro con la de un creyente maduro, Pablo menciona tres cosas que distinguen al niño: (1) Habla como niño. (2) Piensa como niño. (3) Juzga como niño. Luego el Apóstol resalta la importancia del crecimiento en la vida cristiana diciendo que, al crecer, logró dejar atrás aquellas características. Ese es exactamente el proceso de crecimiento que necesita tener el creyente. En otras palabras, tú necesitas crecer hasta dejar de ser un niño pues una vez que has crecido dejas de hablar como niño, de pensar como niño y de "jugar a la iglesia" como los niños.

Regresando a Efesios 4, el apóstol Pablo cierra este tema advirtiéndonos del peligro inherente a la falta de conocimiento o desarrollo del cristiano: *"Para que ya no seamos niños fluctuantes, llevado por doquiera de todo viento de doctrina ..."* (V. 14). Nuevamente, la palabra "niño" aquí empleada, señala inequívocamente a la condición del hombre cristiano no crecido, a su situación espiritual vulnerable. La otra palabra clave que Pablo emplea aquí es *kludonizomai*, que del griego se traduce como "fluctuantes". Esta palabra significa ondearse o rebosar sobre, lo cual señala a alguien que flota sobre las olas del mar. En otras palabras, el niño fluctuante espiritual es la persona

---

[3]   James Strong, *Nueva Concordancia Strong Exhaustiva* (Nashville, TN – Miami, FL: Editorial Caribe, 2002).

que es llevada sobre las olas del mar, llevada *"por doquiera de todo viento de doctrina"* o corriente de pensamiento.

Es interesante notar que, por lo general, aquellos cristianos que son engañados por doctrinas falsas, o atrapados por sectas, o confundidos por el sistema del mundo con sus afanes y atracciones son los que nunca se preocuparon por crecer en sus vidas cristianas. Tenían todo para ser vencedores y vivir la vida al máximo pero nunca se preocuparon por invertir en lo más valioso, que era su crecimiento personal.

CONCLUSIÓN

Concluimos este capítulo mencionando que la única manera en que tú puedes crecer es rindiéndote a Cristo totalmente y dedicando tu vida a un continuo entrenamiento y aprendizaje de la palabra de Dios. Para terminar, un importante consejo que te ofrecemos es que te mantengas aprendiendo siempre, estudiando la Biblia y especialmente asistiendo con periodicidad a tu iglesia local. De ese modo te podrás afirmar en el camino del crecimiento.

Capítulo 3

LA CONVERSIÓN

"Aun estando nosotros muertos en pecados, nos dio vida juntamente con Cristo
(por gracias sois salvos) y juntamente con él nos resucitó, y nos hizo sentar en los
lugares celestiales con Cristo Jesús ..."
(Efesios 2.5-6)

INTRODUCCIÓN

La conversión es uno de los elementos indispensables para vivir la vida cristiana. Es por medio de la conversión que nosotros experimentamos un verdadero cambio en nuestra vida. Quizás tú digas: "Bueno, yo ya estoy bautizado y no necesito convertirme." La realidad es que hay muchos bautizados en las iglesias, pero pocos convertidos a Cristo. La verdadera conversión consiste en arrepentirnos de nuestros pecados y entregarle el corazón a Cristo. En este capítulo vamos a profundizar en el significado, aplicación y elementos determinantes de la conversión cristiana lo cual nos ayudará a comprobar si en verdad hemos tenido una conversión a Cristo.

I. LA CONVERSIÓN

Desde el momento en que recibimos a Cristo en nuestro corazón y decidimos seguirlo nos dimos cuenta de que algo sucedió en nosotros. Algo nos hizo dejar el pecado, cambiar de estilo de vida y entregarnos a Jesús. Llamamos a este proceso conversión.

A. Significado

El significado de la palabra conversión en su vocablo original hebreo es muy amplio. La palabra usada es *shub*, que significa volverse, retirarse, recapacitar, rechazar[4]. Encontramos esta palabra siendo usada de manera muy clara cuando Dios exhorta a Israel a regresar después de haberse apartado de Él: *"Y te convirtieres a Jehová tu Dios y obedecieres a su voz ..."* (Deuteronomio 30.2) En este pasaje claramente se aprecia que Dios le habla a su pueblo en términos de volverse a Él, dando a entender que ellos habían estado alejados de Él y en el caso de que regresasen, Él les promete recibirlos con misericordia. Con esta idea en mente, podemos afirmar entonces que convertirse a Dios significa básicamente volverse o regresarse a Él.

B. Aplicación

Estudiando la palabra hebrea *shub* descubrimos algo tremendo en cuanto a nuestro tema de la conversión. Veamos cómo cambia el verbo en determinados casos. En Isaías leemos: *"Engruesa el corazón de este pueblo, y agrava sus oídos y ciega sus ojos, para que no vea con sus ojos, ni oiga con sus oídos, ni su corazón entienda, ni se convierta y haya para él sanidad."* (Isaías 6.10) Aquí, la palabra usada por el profeta es una vez más *shub* e indica nuevamente "volverse". Pero cuando Cristo cita esta escritura de Isaías en Mateo 13.15, el vocablo utilizado es *epístréfo*, que en griego significa revertir, convertir, volver. El texto griego del Nuevo Testamento arroja

---

[4]   James Strong, *Nueva Concordancia Strong Exhaustiva* (Nashville, TN – Miami, FL: Editorial Caribe, 2002).

un poco más de luz sobre el tema, pues "revertir" es regresar algo al lugar de donde salió. En este caso se refiere a regresar a Dios.

Encontramos aún más explícito el concepto en el libro de Hechos, cuando Pedro dice: *"A vosotros primeramente, Dios habiendo levantado a su hijo, lo envió para que os bendijese, a fin de que cada uno se convierta de su maldad."* (Hechos 3.26) Aquí, el término griego que se utiliza es *apostréfo*, que significa alejarse o retroceder[5]. Gracias a estas palabras griegas, podemos ver que la expresión "convertirse a Dios" se refiere a volverse a Dios, a regresar al lugar o condición en que originalmente estaba el hombre —cuando fue creado, sin pecado. Y la expresión "convertirse de la maldad" o convertirse del pecado, significa alejarse de éste. ¡Gloria a Dios! Entonces podemos afirmar que el que se ha convertido al Señor es alguien que ahora tiene otra vida, una vida lejos del pecado y cerca de Dios.

Algunos teólogos —por ejemplo, Orlando Costas— afirman que la conversión es tanto un momento distintivo como un proceso continuo. Distintivo se refiere a que hay un cambio o viraje categórico, particular, específico, evidente. Un "volverse" en el camino, un cambio mental, la adopción de otra perspectiva. Estos elementos además van frecuentemente acompañados de lamento o pena. "Proceso continuo" se refiere a la necesidad de que el cristiano esté siempre convirtiéndose[6] y es precisamente la conversión continua lo que mantendrá a un cristiano en el camino, pues no sólo se convirtió al venir a Cristo, sino que continúa haciéndolo.

Mortimer Arias ahonda en el tema diciendo que la conversión es el cambio de modos de pensar de individuos y grupos y de perspectivas sobre la realidad y acción[7]. Concluimos este segmento diciendo que

---

[5] William E. Vine, *Diccionario Expositivo de las Palabras del Nuevo Testamento* (Terrassa, Barcelona: Editorial CLIE, 1984).

[6] Orlando Costas, *Compromiso y Misión* (San José, Costa Rica: Editorial Caribe, 1979), 29-41.

[7] Mortimer Arias, *Salvación es liberación* (Buenos Aires, Argentina: Editorial La Aurora, 1973), 78-80.

la conversión es necesaria para estar cerca de Dios y que es esencial que el nuevo creyente la experimente en su vida propia.

II. ELEMENTOS DE LA CONVERSIÓN

A. La conversión involucra una nueva vida

La conversión involucra algo más que regresar a Dios, alejándose del pecado. Incluye también el adaptarse al sistema de Dios, desconocido para la mayoría de los nuevos creyentes. El apóstol San Pablo lo explica de la siguiente manera: *"En cuanto a la pasada manera de vivir, despojaos del viejo hombre, que está viciado conforme a los deseos engañosos, y renovaos en el espíritu de vuestra mente, y vestíos del nuevo hombre, creado según Dios en la justicia y santidad de la verdad."* (Efesios 4.22-24) En esta porción bíblica, Pablo explica con mucha claridad el concepto de la nueva vida utilizando el término griego *apotídsemi,* que quiere decir poner lejos, separar, alejar[8]. En otras palabras, aquel que se ha acercado a Dios, debe ser consciente de que ahora es un servidor de Él y que debe poner lejos de sí todo aquello que no agrada a Dios. Debe dejar atrás aquellas cosas que antes hacía, debe despojarse del viejo hombre, de las viejas costumbres y de todo lo relacionado con su vida antigua, desagradable a Dios.

Pablo dice también que el "viejo hombre" está viciado conforme a los deseos engañosos. La palabra "viciado" que él emplea nos da a entender que el viejo hombre practicaba muchas cosas sin las cuales no podía vivir, del mismo modo que los drogadictos no son capaces de vivir sin las drogas. Nuestro cuerpo estaba viciado, corrompido, contaminado, con costumbres extrañas que no podíamos dejar. Pero ahora Dios nos ha hecho libres de todo ello. ¡Aleluya!

---

[8] William E. Vine, *Diccionario expositivo de las palabras del Nuevo Testamento* (Terrassa, Barcelona: Editorial CLIE, 1984).

B. La conversión incluye una nueva posición

El apóstol Pablo escribe a los corintios de la siguiente manera: *"De modo que si alguno está en Cristo, nueva criatura es."* (2 Corintios 5.17) Gracias a que Cristo nos reconcilió con Dios, ahora podemos gozar de ser nuevas criaturas. Así como Cristo entró después de su resurrección a su real dimensión, dejando el estado con que anduvo durante un tiempo aquí en la Tierra —aunque sin pecado— y pasando al estado que ahora tiene, el de un ser glorificado; así los que estamos en Cristo nos encontramos también en una posición muy elevada, gracias al Señor. En referencia a esto mismo, Pablo dice que *"aun estando nosotros muertos en pecados, nos dio vida juntamente con Cristo, y juntamente con él nos resucitó y asimismo nos hizo sentar en lugares celestiales en Cristo Jesús."* (Efesios 2.5-6)

Los que estamos con Cristo tenemos un lugar muy especial con Él. No cualquier lugar, sino un lugar celestial. Este pensamiento se refiere al espacio que toma el cristiano primero en lo espiritual, un lugar de gloria y segundo en el futuro, una morada eterna con el Señor en el Cielo.

El creyente también debe saber que Dios no sólo le ha dado un lugar muy especial, sino también toda clase de bendición espiritual. Acerca de esto, dice el apóstol Pablo: *"Bendito sea el Dios y padre de nuestro Señor Jesucristo, quien nos bendijo con toda bendición espiritual, en los lugares celestiales en Cristo."* (Efesios 1.3) El estar en lugares celestiales en Cristo representa una posición de poder y de autoridad muy grandes que el cristiano debe saber apreciar. El cristiano es portador de las más altas bendiciones de Dios, presentes y eternas como dice la Biblia: *"Cosas que ojo no vio, ni oído oyó, ni han subido en corazón de hombre, son las que Dios ha preparado para los que le aman."* (1 Corintios 2.9)

Todas estas cosas Dios nos las dio sin que de nuestra parte mediase el más mínimo esfuerzo. Es por eso que en este libro insistimos en el aprecio que como creyentes debemos tener hacia la obra tan especial y maravillosa que Cristo hace para salvarnos. Tú necesitas entender a ciencia cierta que ahora le sirves a Dios, y que por tanto no puedes de ninguna manera involucrarte en algo que tenga que ver con el pecado. Si eres cristiano o cristiana es gracias a nuestro Señor Jesucristo, quien te ha transformado por el poder de su Santo Espíritu.

C. Estar convertido es estar transformado

El término transformación nos habla de una característica muy importante e interesante del convertido. Pablo escribe lo siguiente: *"No os conforméis a este siglo, sino transformaos por medio de la renovación de vuestro entendimiento, para que comprobéis cual sea la buena voluntad de Dios agradable y perfecta."* (Romanos 12.2) La palabra transformación aquí empleada constituye un concepto fascinante. La misma proviene del original griego *metamorfóo*, que significa transformar, transfigurar. *Metamorfóo* se compone de las palabras griegas *meta* —cambio— y *morfóo* —forma—[9]. Ser transformados por Dios es entonces convertirse en criaturas totalmente nuevas, es pasar de ser personas pecadoras y malas a personas buenas y santas. Sólo Dios puede operar semejante transformación en cada uno de nosotros. Sólo Él nos puede cambiar a una nueva forma, a un nuevo ser *"creado en Cristo Jesús para buenas obras."* (Efesios 2.10)

III. LA CONVERSIÓN Y LA REGENERACIÓN

A. Entendiendo el concepto de regeneración

De acuerdo al teólogo Luis Berkhof, la regeneración consiste en "la implantación del principio de la nueva vida espiritual en el hombre; un cambio radical de la disposición regente del alma la cual, bajo la influencia del Espíritu Santo, da nacimiento a una vida que se mueve en dirección hacia Dios."[10] Entonces, este es un cambio

---

[9] William E. Vine, *Diccionario expositivo de las palabras del Nuevo Testamento* (Terrassa, Barcelona: Editorial CLIE, 1984).

[10] Luis Berkhof, *Teología Sistemática: Soteriología* (Jenison, MI: W.B. Eerdmans Publishing Co., 1995), 559.

completo en el hombre, que implanta una nueva vida, la cual a su vez es movida por el Espíritu de Dios a lo bueno.

B. Las áreas de regeneración

Berkhof agrega que el cambio en la vida del ser humano se manifiesta en tres áreas específicas. Él dice: "Es un cambio instantáneo en la naturaleza del hombre que afecta al momento al hombre completo en su intelecto, en su voluntad, y en sus sentimientos y emociones."[11]

1. Intelecto. Acerca de esto, Pablo dice que *"el hombre natural no acepta las cosas del Espíritu de Dios, porque para él son necedad; y no las puede entender, porque se disciernen espiritualmente. En cambio, el que es espiritual juzga todas las cosas..."* (1 Corintios 2.14-15) Una vez que hemos sido regenerados, nuestros pensamientos cambian radicalmente, porque ahora tenemos una intuición espiritual para pensar y el espíritu Santo nos guía para pensar positivamente, o sea que ahora podemos controlar nuestros pensamientos. Lo anterior también afecta la voluntad.

2. Voluntad. La Biblia dice que *"Dios es el que produce en nosotros tanto el querer, como el hacer, por su buena voluntad."* (Filipenses 2.13) El hombre regenerado ahora es fácil de manejar porque ha cedido su voluntad al Creador. Antes nadie nos podía decir nada, mucho menos darnos órdenes, pero ahora que le hemos rendido nuestra voluntad a Dios, ésta ha sido totalmente transformada por Él. Ya podemos recibir órdenes de nuestras autoridades —y especialmente de Dios— y cumplirlas de buena gana. También nos es más fácil asimilar cualquier cosa que nos venga, porque hemos aprendido a aceptar la voluntad de

---

[11] Berkhof, *Teología Sistemática: Soteriología*, 559.

Dios. Jesús enseñó esto mismo a sus discípulos: *"Mas hágase tu voluntad, como en el cielo así también en la tierra."* (Mateo 6.10)

3. Sentimientos. En tercer y último lugar, la regeneración afecta nuestros sentimientos y emociones. Dice el apóstol Pedro que a Dios *"le amamos sin haberle visto, y nos alegramos en él con gozo inefable."* (I Pedro 1.8) Ahora nuestro corazón es diferente, porque ha sido regenerado.

Entonces, si la regeneración es un cambio instantáneo en la naturaleza del hombre, el cual afecta todos sus aspectos —mental, volitivo y emocional— los resultados deben manifestarse de la misma manera y es exactamente allí donde comienza la nueva vida. Zaqueo, al oír las palabras de Jesús, fue total e inmediatamente movido a repartir sus bienes y devolver lo que había defraudado, según Lucas 19.1-9, después de oírlo, Jesús afirmó que la salvación había llegado a la casa de Zaqueo aquel día.

Cuando nuestro ser es regenerado o transformado en otro ser, ya no es el que antes era, todo en él ha sido hecho nuevo, todo ha cambiado. Esto es lo que muchas veces no se entiende, que una vez que alguien viene a Cristo y se entrega a él, su vida ya no puede seguir siendo la misma. Observemos cómo Pablo describe esto a los efesios: *"Y renovaos en el espíritu de vuestra mente y vestíos del nuevo hombre creado según Dios, en la justicia y santidad de la verdad."* (Efesios 4.23-24) Servir a Dios involucra todo nuestro ser: espíritu, alma y cuerpo, como muy bien lo dice Pablo en otra de sus cartas: *"Y el mismo Dios de paz os santifique por completo; y todo vuestro ser, espíritu, alma y cuerpo, sea guardado irreprensible para la venida de nuestro Señor Jesucristo."* (I Tesalonicenses 5.23) Por lo tanto —y considerando los versículos anteriores— existe una exhortación vehemente a los que estamos en Cristo, a los que hemos recibido una regeneración, a los que hemos nacido de nuevo de una simiente nueva, del Espíritu de Dios: ¡Guárdense del mundo, dejen las cosas viejas!

IV. LOS EFECTOS DE UNA VIDA CONVERTIDA

A. Los convertidos dejaron las cosas viejas

Todo lo que antes considerábamos como bueno en la carne, ahora no se puede considerar así. Todo aquello que satisfacía a nuestros ojos, ahora no se puede considerar como satisfactorio. En otras palabras, las cosas del viejo hombre han pasado y ya no pueden existir para nosotros. Pablo dice: *"En cuanto a la pasada manera de vivir, despojaos del viejo hombre que está viciado conforme a los deseos engañosos..."* (Efesios 4.22) El viejo hombre quiere las cosas viejas, pero el nuevo hombre quiere las cosas nuevas y como en cualquier orden, ganará el que esté más fuerte de los dos. Al nuevo hombre se le pide que deseche la mentira y hable verdad, que si hurtaba ya no hurte más, que si decía malas palabras, no las diga más, que ya no se enoje, sino que sea misericordioso, perdonador, amable y benigno, etc. (Efesios4.22-32). Todo esto sólo se puede alcanzar si uno ha nacido de nuevo, si uno ha recibido una verdadera transformación.

B. Los convertidos son diferentes

Muchos cristianos no asumen que deben ser diferentes al mundo, que se espera de ellos que marquen una diferencia notoria. Pablo dice a los efesios: *"Esto pues digo y requiero en el Señor; que ya no andéis como los otros gentiles..."* (Efesios 4.17) En este pasaje claramente se enfatiza la separación entre el mundo y la Iglesia, entre los que han conocido la verdad y los que todavía no. Como nuevo creyente, tú debes tener siempre presente que ser cristiano equivale a ser diferente a los que no lo son. Por tanto, tu vida ha de ser diferente a la que viviste antes de conocer a Cristo.

CONCLUSIÓN

Como hemos podido aprender, la conversión a Cristo es muy importante para una persona que quiere servirle a Dios y que quiere hacer las cosas bien. La conversión es la que determina qué tan fiel vas a permanecer en la Iglesia y qué tan fuerte vas a estar cuando vengan las tribulaciones a tu vida. La persona convertida a Cristo jamás abandonará la carrera al Cielo.

Capítulo 4

LUCHAS, PRUEBAS
Y TENTACIONES

*"Aconteció después de estas cosas, que probó Dios a Abraham,
y le dijo: Abraham. Y él respondió: Heme aquí."*
(Génesis 22.I)

———ᴍ———

INTRODUCCIÓN

Cuando Dios decide trabajar con una persona a fin de hacerla mejor, muy seguramente la va a probar, así como hizo con Abraham (Génesis 22.I). Y cuando el diablo quiere hacerle daño a una persona, seguramente la va a tentar, tal como hizo con David. La vida cristiana es lo más hermoso que Dios nos ha dado, pero tiene muchos contratiempos y debemos estar preparados para ellos. El propósito de este capítulo es abrirte los ojos, como cristiano que eres, para que te prepares. Como nuevo creyente, debes saber que enfrentarás luchas, pruebas y tentaciones, muchas de las cuales podrían causar que te retrases en tu caminar, o incluso que abandones este camino. Pero si tú aprendes a enfrentar todas estas cosas, está seguro que vivirás en victoria.

La vida cristiana

I. LAS LUCHAS DEL CRISTIANO

A. Definición

Luchas son aquellas que tenemos que enfrentar por causa de nuestro servicio a Cristo. Todos los cristianos que quieren servir a Dios tienen luchas. Hay luchas contra la carne y sus pasiones, luchas contra las asechanzas del diablo, luchas contra familiares y amigos que no quieren que sirvamos a Dios y otras semejantes. A continuación, veamos las luchas más comunes.

B. Algunas luchas del cristiano

1. El diablo (Efesios 6.12). El diablo viene todos los días para tentarnos, especialmente cuando estamos procurando servir a Dios. Él siempre se presentará con alguna tentación, apuntando a nuestra área más débil.
2. El mundo (1 Juan 2.15-17). Este mundo nos quiere envolver para que nos adentremos más en él, alejándonos de la Iglesia, cada día nos ofrece muchas alternativas para que vivamos conforme a él, y así impedir que demos nuestro tiempo a Dios.
3. Nuestra carne (Gálatas 5.19-21). La carne es uno de los enemigos más fuertes que tenemos que vencer. Nuestra carne nos pide atención, placeres y muchas cosas que van en contra de la palabra de Dios. Muchas veces el creyente desea asistir a la Iglesia pero su carne no y allí es donde la lucha se hace fuerte.
4. Familiares, amigos y personas. La Biblia dice que, por causa de Cristo, seremos aborrecidos (Mateo 10.22) y nuestros enemigos serán incluso los de nuestra propia casa o familia (Mateo 10.36). Y todo por causa del Evangelio.

C. Un ejemplo de sobrevivencia

Siguiendo la línea del tema de este capítulo —que es ayudar al nuevo creyente a vencer— hablaremos ahora de un excelente ejemplo de sobrevivencia y de cómo hacerle frente a las situaciones difíciles de la vida cristiana. Consideremos la experiencia de vida del apóstol Pablo.

1. Un hombre que vivió para Cristo. Pablo llegó a decir estas palabras: *"Porque para mí el vivir es Cristo, y el morir es ganancia."* (Filipenses 1.21) Pablo estaba decidido, si era necesario, a dar su vida por Cristo y de hecho lo hizo, pues murió precisamente por la causa de Aquel que lo había llamado.

2. Un hombre que vivió una vida de obstáculos. Este hombre llegó a ser un gran predicador pero también uno de los que más sufrió por la obra del Señor. En 1 Corintios 11.23-29 se revelan algunas de las cosas que le sucedieron por servir a Cristo, entre las cuales hubo azotes, cárceles, peligros de toda clase, apedreamientos, naufragios en el mar, falsos hermanos, muchos trabajos, sed, hambre, desvelos, frío y desnudez, entre otras cosas. Pero Pablo no hizo caso de esos sufrimientos, sino que dijo: *"Quiero que sepáis, hermanos, que las cosas que me han sucedido, han redundado más bien para el progreso del evangelio."* (Filipenses 1.12)

3. Un hombre que vivió una vida humilde. Pablo había visto grandes milagros, había ido al tercer cielo, había visto ángeles, ¡había visto al Señor! Y sin embargo dijo lo siguiente: *"Yo mismo no pretendo haberlo alcanzado todo..."* (V. 13) Con esto en mente podemos pensar que en la mente de Pablo estaban presentes aquellas recordadas palabras de Cristo, que dijo: *"Cuando hayáis hecho todo decid: 'Siervos inútiles somos, pues lo que debíamos hacer, esto hicimos'."* (Lucas 17.10) Este Apóstol fue un hombre que supo recibir de Dios y dar la gloria a Él en todo

lo que poseía y cuando dejaba de tenerlo dársela también, uno que aprendió a contentarse en cualquier situación.

4. Un hombre que no se detuvo en su carrera. Un lema no escrito en la vida de Pablo pero que se hace evidente en cada paso suyo parece decirnos: "No te detengas; sigue adelante." Pablo dijo: *"Prosigo a la meta, al premio del supremo llamamiento de Dios en Cristo Jesús."* (Filipenses 3.14) Y cuando ya estaba a punto de partir con el Señor, escribió a su discípulo Timoteo: *"He peleado la buena batalla, he acabado la carrera, he guardado la fe."* (2 Timoteo 4.7)

Al igual que Pablo, tampoco nosotros debemos detenernos ante los obstáculos, y menos ahora que nuestra salvación está más cerca. Como cristiano, tú enfrentarás una gran cantidad de luchas en tu vida pero sirva el ejemplo antes mencionado para que las enfrentes siempre con fuerza y valor, tomado de la mano del Señor pues las pruebas no son más fuertes que el Señor, ni pueden detenerte o alejarte de Él.

D. Consejos para vencer

Utilizando el ejemplo de la carrera cristiana del capítulo 1, podemos aconsejar algunas cosas que te permitirán vencer en tus luchas cotidianas.

1. No te puedes detener. Esta es una carrera y en una carrera uno no se puede detener, como ya hemos dicho, pues si se detiene, alguien más se queda con el premio. Pablo dijo: *"¿No sabéis que los que corren en un estadio, todos a la verdad corren, pero sólo uno se lleva el premio? Corred de tal modo que lo obtengáis."* (1 Corintios 9.24) Lo bueno de la carrera cristiana es que, todos los que la corran sin detenerse ganarán su premio al final.

2. Hay que luchar limpio. Pablo dijo: *"Todo aquel que lucha, de todo se abstiene; ellos, a la verdad, para recibir una corona corruptible, pero*

nosotros, una incorruptible." (I Corintios 9.25) El cristiano tiene que vencer, pero sólo lo conseguirá limpiamente, es decir, sin trampa ni engaño.

3. Hay que despojarse de todo. En el libro de Hebreos leemos: *". . .despojémonos de todo peso y del pecado que nos asedia, y corramos con paciencia la carrera que tenemos por delante."* (Hebreos 12.1)

4. Hay que olvidar el pasado. *"Hermanos, yo mismo no pretendo haberlo ya alcanzado; pero una cosa hago: olvidando ciertamente lo que queda atrás, y extendiéndome a lo que está delante, prosigo a la meta, al premio del supremo llamamiento de Dios en Cristo Jesús."* (Filipenses 3.13-14)

II. LAS PRUEBAS DEL CRISTIANO

El segundo elemento que el creyente va a enfrentar son las pruebas y éstas por lo general provienen de Dios. A veces el Señor hace cosas en nuestra vida con el solo propósito de enseñarnos alguna lección o simplemente para que nuestra fe crezca. Ese fue el caso de Abraham que mencionamos al principio. Dios probó a Abraham pidiéndole a su único hijo —el que le había dado en su vejez y de quien había prometido levantarle una gran descendencia— para que lo ofreciera como sacrificio a Él (Génesis 22.1-2). Dios también probó a Israel, al pueblo entero, cuando lo sacó de Egipto y lo llevó durante cuarenta años por el desierto, pudiéndolos haber llevado por un camino mucho más corto, de dos semanas o menos. La Biblia dice que Dios hizo esto para probarlos (Éxodo 15.25). Por lo tanto, es muy común que Dios pruebe a sus hijos.

A. Definición

Las pruebas son procesos a los cuales Dios nos somete para probar nuestra fidelidad, fe, cristianismo, amor, etc. En nuestra vida cristiana tarde o temprano Dios nos va a probar para hacernos crecer espiritualmente. Las pruebas son parte de la vida cristiana.

B. Proceso de una prueba

En Mateo 14.22-33 tenemos un ejemplo de cómo Jesús probó a sus discípulos y de cómo los llevó por dicho proceso al permitir que enfrentaran un fuerte viento contrario en el mar de Galilea. Los discípulos venían de ver un milagro muy grande: la multiplicación de los panes y los peces y la alimentación de los cinco mil (Mateo 14.13-21). Además, ya habían tenido una experiencia similar cuando atravesaban el mismo mar y una tempestad los sorprendió con olas que cubrían la barca. En aquella ocasión, sin embargo, Jesús iba con ellos, durmiendo tranquilamente en la popa de la embarcación (Mateo 8.23-27). Finalmente Él reprendió a los vientos y el mar y después corrigió a sus discípulos: *"¿Por qué teméis, hombres de poca fe?"* Pero en esta nueva travesía, los discípulos iban solos.

Fase 1. La prueba es iniciada por Jesús. Después de un agotador día de trabajo el Señor Jesús, deliberadamente, envía a sus discípulos al otro lado del mar en una barca mientras Él despide a la multitud y sube al monte a orar.

Fase 2. Los discípulos entran en la prueba. La barca es azotada por grandes olas producidas por el fuerte viento contrario. Mientras tanto el Señor está orando. Ni bien Jesús subió al monte a orar, los discípulos comenzaron a batallar contra el viento.

Fase 3. Duración de la prueba. En esta experiencia podemos notar varias cosas: Primero, ellos luchaban por tratar de avanzar, pero no podían. El lago tiene unos 12 Km de ancho —siete millas y media— en la parte más ancha y desde la tarde que ellos habían salido, no habían logrado avanzar más que unos 6 Km —menos de cuatro millas—. Segundo, Jesús les estaba observando. Marcos 6.48 dice que Jesús veía desde el monte cómo remaban con gran fatiga, porque el viento les era contrario. Tercero, la historia dice que Jesús vino a ayudarles recién a la cuarta vigilia de la noche. La noche judía se dividía en ese entonces en cuatro vigilias. La primera era de 6 a 9, la segunda de 9 a 12, la tercera de 12 a 3 am y la cuarta, de 3 a 6 am. En esta última vigilia fue que Jesús llegó para ayudarles. Los Apóstoles estuvieron luchando durante ocho horas o más, desde que Jesús comenzó a orar. Jesús lo supo, pero no fue adonde ellos sino hasta las tres de la mañana o tal vez más tarde.

Fase 4. Resolución de la prueba. En la etapa final de la prueba, vemos la resolución de la misma, los resultados de la prueba, que fueron muy provechosos. Esto es lo más extraordinario de ser probado por Dios: los buenos resultados que se producen en nuestra vida, cuando hemos vencido. Veamos las resoluciones o resultados producidos en el ejemplo de prueba que venimos mencionando:

I. Jesús anduvo sobre el mar. *"Más a la cuarta vigilia de la noche Jesús vino a ellos andando sobre el mar."* (V. 25) Cuando los discípulos ya no pudieron más, Jesús vino a ellos caminando sobre las aguas.

2. Los discípulos tuvieron miedo pero Jesús les dio ánimo. *"Y los discípulos, viéndole andar sobre el mar, se turbaron, diciendo: ¡Un fantasma! Y dieron voces de miedo. Pero enseguida Jesús les habló, diciendo: ¡Tened ánimo; yo soy, no temáis!"* (Vv. 26-27) Esto nos indica que hay ocasiones en que el miedo nos ataca, pero allí está el Señor para decirnos: "Tengan ánimo, yo soy, no tengan miedo."

3. Pedro caminó sobre las aguas. Este es uno de los más grandes milagros que un hombre mortal haya experimentado. Se trata de algo físicamente imposible, pero cuando Jesús da la orden, el hombre puede caminar sobre las aguas y aunque al apóstol Pedro le faltó fe y comenzó a hundirse, Cristo finalmente lo rescató (Vv. 28-31).

4. La fe de los discípulos y su admiración por el Maestro crecieron ese día: *"...ellos se asombraron en gran manera, y se maravillaban."* (Marcos 6.51)

C. Lecciones para el cristiano

1. La prueba es necesaria. El ejemplo de la barca en la tormenta nos enseña cómo es que Dios nos prueba. En ocasiones, Él nos prueba fuertemente pero así es como se templa el cristiano: en la dificultad, en la tormenta. Allí es donde se ve de qué material está hecho. Tú debes mantener siempre presente que tu crecimiento incluye el ser probado por Dios, tal y como fueron probados los discípulos del Señor en varias ocasiones. Sin embargo, Jesús no te dejará allí para siempre. Él no te dejará solo, sino todo lo contrario: caminará contigo a través del proceso. Jesús te probará, pero también vendrá a socorrerte en el momento en que menos lo esperas. Cuando tus fuerzas ya estén acabándose, el Señor se aparecerá caminando sobre el mar, tu mar, tu problema, caminando sobre tu dificultad para que creas en Él y para que tu fe en Él sea aumentada.

2. El propósito de las pruebas. Las pruebas de Jesús no son para nuestra destrucción, sino para probar nuestra fe. Para probar nuestro amor y nuestra confianza en Dios. Además, las pruebas tienen la virtud de sacar de nosotros lo que hay, lo que realmente somos. Cuando todo va bien todos somos cristianos pero las pruebas exhiben nuestro verdadero carácter y quiénes somos.

III. LA TENTACIÓN DEL CRISTIANO

El tercer elemento que el hijo de Dios enfrentará es la tentación. La tentación es un enemigo silencioso que va a venir a visitar a todo aquel que quiere servir a Dios de una manera correcta. A veces el hijo de Dios va a entrar en tentación sin darse cuenta. Por eso Jesús advirtió a sus discípulos en cierta ocasión: *"Velad y orad, para que no entréis en tentación; el espíritu a la verdad está dispuesto, pero la carne es débil."* (Mateo 26.41) La tentación puede arruinar la vida de cualquier cristiano que se descuide y caiga en sus garras. En la Biblia tenemos varios ejemplos de grandes hombres de Dios que en un momento de debilidad sucumbieron ante este poderoso enemigo. La Historia de David y Betsabé (2 Samuel 11) es una de las más conocidas en el pueblo de Dios. El rey David sucumbió ante el atractivo de Betsabé después de haberla visto bañándose e hizo todo lo que estaba a su alcance para tenerla. La historia cuenta que el esposo de esta mujer andaba en la guerra y David se aprovechó de esa situación mandando llamar a la mujer y teniendo intimidad con ella. La mujer quedó embarazada y David ordenó la eliminación del esposo de ella, para tratar de librarse del problema. Pero Dios, que lo ve todo, lo llamó a cuentas y David tuvo que sufrir las consecuencias de su pecado, entre ellas la muerte de su hijo con Betsabé.

Como podemos ver en esta triste historia, la tentación es una de las armas más poderosas que tiene el enemigo para hacernos caer, para destruir nuestro ministerio. Por eso tenemos que prestarle cuidadosa atención al tema. Hay ocasiones en que personas de gran testimonio —como lo era David—personas con un gran ministerio, caen en pecado, fracasan espiritualmente y los demás nos preguntamos: ¿qué pasó? La respuesta es sencilla: no pudieron lidiar con la tentación.

A. Entendiendo la tentación

Alfred Kuen escribió un precioso libro sobre la tentación y en él describe que "la tentación es una atracción hacia lo prohibido, un movimiento interior que incita al hombre al mal." Además señala que "es una ocasión que se nos presenta para realizar algo que es malo, pero que nos promete placer" y afirma que "todo placer legítimo puede convertirse en una ocasión de tentación cuando se presenta fuera del marco ideado por Dios."[12]

¿De dónde proviene la tentación? Al tratar de responder esta

---

[12] Alfred Kuen, *Frente a la tentación: ¿cómo resistir?* (Terrassa, Barcelona: Editorial CLIE, 2015), 4.

pregunta es muy importante no confundirnos. La tentación no proviene de Dios y mucho menos de nuestra búsqueda de Él. La tentación proviene de nuestra propia carne, la cual se presta para que la tentación se lleve a cabo; del mundo que nos rodea con sus placeres y deleites y de nuestro adversario el diablo. Analicemos cada uno.

1. El Diablo. Una de las fuentes externas de tentación es Satanás. Él siempre va a querer que caigamos y fracasemos y hará uso de todos los medios posibles para lograrlo. Tenemos un ejemplo de esto en el conocido caso de la tentación de Jesús:" *Entonces Jesús fue llevado por el Espíritu al desierto, para ser tentado por el diablo. Y después de haber ayunado cuarenta días y cuarenta noches, tuvo hambre. Y vino a él el tentador, y le dijo: Si eres Hijo de Dios, di que estas piedras se conviertan en pan."* (Mateo 4.1-3) Otro ejemplo es cuando David, el rey de Israel, hizo un censo en contra de la voluntad de Dios. Dice la Biblia que *"Satanás se levantó contra Israel, e incitó a David a que hiciese censo de Israel."* (1 Crónicas 21.1)

2. El mundo. El mundo es una fuente continua de tentación para el cristiano, ya que nos ofrece las cosas que nuestra carne y nuestros ojos quieren y anhelan. La Biblia afirma que *"todo lo que hay en el mundo, los deseos de la carne, los deseos de los ojos, y la vanagloria de la vida, no proviene del Padre, sino del mundo."* (1 Juan 2.16) El escritor menciona elementos bien conocidos por nosotros. La definición que da Juan es más pertinente que nunca en este tiempo, cuando la tecnología domina nuestro mundo, los medios electrónicos y las redes sociales promueven cosas tremendas, y el pecado y la maldad están a la orden del día. Hoy es más fácil que nunca entrar en la cámara secreta y satisfacer las más bajas pasiones por medio de Internet que ha puesto a disposición de todo el mundo la pornografía y muchos otros elementos que se prestan para

que el ser humano peque y alimente precisamente la carne, los ojos y la vanagloria de la vida.

3. **Nuestra propia carne.** Pero la fuente más poderosa de tentación no es el diablo, ni el mundo gobernado por él, sino nuestra propia carne. El ser humano está compuesto por una mente que maquina todos los días; un corazón donde se almacenan los sentimientos y pasiones más oscuros; y como dijo Salomón, unos ojos que nunca están satisfechos (Proverbios 27.20). Por eso dice la Biblia que *"Cuando alguno es tentado, no diga que es tentado de parte de Dios; porque Dios no puede ser tentado por el mal, ni él tienta a nadie; sino que cada uno es tentado, cuando de su propia concupiscencia es atraído y seducido."* (Santiago 1.13-14) Nuestra propia carne es así de poderosa para seducirnos e inducirnos a caer en la tentación.

B. El proceso en la tentación

¿Qué lleva a una persona a caer en la tentación? Como observamos recién en la Palabra, las personas son tentadas de sus propias concupiscencias —deseos desmedidos e incontrolados de la carne—.El hombre que no gobierna sus pasiones, será gobernado por ellas. Erwin Lutzer dice: "Hoy en día las tentaciones salen a buscarnos y nos persiguen con frenesí." En esta afirmación se alude a la televisión, con sus programas y comerciales; a las redes mundiales de informática, diseñadas para atraer y dar gusto a las pasiones más bajas y pervertidas y a muchos otros elementos[13]. Kuen dice que "la tentación siempre nos ataca en nuestro punto de mayor vulnerabilidad."[14] Esto es una realidad.

---

[13] Erwin W. Lutzer, *Siete trampas del enemigo: Libérese de las garras del demonio* (Grand Rapids, MI: Editorial Portavoz, 2001), 13.

[14] Alfred Kuen, *Frente a la tentación: ¿cómo resistir?* (Terrassa, Barcelona: Editorial CLIE, 2015), 7.

El apóstol Santiago nos presenta un proceso que lleva a la persona a la muerte espiritual, de cuatro etapas:

1. **La debilidad.** Cuando un cristiano se aleja del Señor comienza a debilitarse espiritualmente; sus deseos de la carne comienzan a tomar control de sus acciones. Entonces es atraído por deseos incontrolados. Esto pasa por la falta de participación en las actividades espirituales, como la oración, el ayuno, la asistencia a los cultos y la lectura de la Palabra de Dios.

2. **La seducción.** Esta es el arma más poderosa del enemigo para hacer caer al cristiano. Cuando una persona es seducida, cae en la trampa sin siquiera darse cuenta. Así fue seducido y engañado Sansón, quien cayó atrapado por Dalila, perdió los ojos y posteriormente la vida (Jueces 16.15-20).

3. **La caída.** Esto es cuando los deseos carnales incontrolados conducen a la persona al pecado. Después que la persona ha sido seducida y atraída a la trampa, la concupiscencia hace su trabajo y el pecado es concebido. Concebir significa dar a luz. En otras palabras, ya no se trata de un pensamiento, sino de una acción en marcha, que hará que la persona cumpla los deseos de la carne y haga exactamente lo que tenía en su corazón.

4. **La muerte.** El resultado del pecado es la muerte y no importa cuán insignificante se considere el pecado cometido; al paso del tiempo éste causará la muerte espiritual. A Adán y Eva se les dijo que el día que comieran del fruto del árbol prohibido iban a morir (Génesis 2.17). Cuando lo comieron no murieron instantáneamente pero fueron arrojados de la presencia de Dios, lo cual significó para ellos la muerte espiritual y con el paso del tiempo la muerte física también.

C. Cómo vencer la tentación

La tentación es como un visitante disfrazado de la forma que a ti más te atrae; uno que siempre va a venir, aunque tú no lo hayas invitado. Nadie está exento de él. Pero la victoria es tuya. Tú puedes vencer la tentación y aquí te diremos cómo.

1. Debes someterte a Dios: *"Someteos, pues, a Dios; resistid al diablo, y huirá de vosotros."* (Santiago 4.7) A veces Dios permite que pasemos por situaciones, tal y como hizo con Pedro (Lucas 22.31). Pero es allí que tenemos que someternos a la voluntad de Dios. Tenemos que resistir al diablo y éste huirá de nosotros. Un cristiano sometido a Dios no le será presa fácil al enemigo de nuestras almas pero un cristiano débil caerá en sus garras.

2. Utiliza la palabra de Dios. Al ser tentado por el diablo, Jesús habló sólo la Palabra de Dios y así le venció. Observemos. Cuando el tentador le incitó a convertir las piedras en pan, Jesús le contestó: *"No sólo de pan vivirá el hombre, sino de toda palabra de Dios."* (Mateo 4.4) Cuando lo tentó para que se tirara del pináculo del templo, Jesús respondió: *"No tentarás al Señor tu Dios."* (Mateo 4.7) Y cuando lo volvió a tentar ofreciéndole los reinos del mundo a cambio de que postrado le adorase Jesús usó nuevamente la Palabra diciendo: *"Vete, Satanás, porque escrito está: 'Al Señor tu Dios adorarás, y a él sólo servirás'."* (Mateo 4.10) De la misma manera en que Jesús resistió la tentación del diablo, así lo debemos hacer nosotros, utilizando la palabra de Dios ya que ésta es poder de Dios para derrotar a Satanás.

3. Ora a Dios. El cristiano debe orar para no entrar en la tentación. Ese fue el consejo de Jesús dado a sus discípulos en la oración modelo: *"Y no nos metas en tentación, mas líbranos del mal; porque tuyo es el reino, y el poder, y la gloria, por todos los siglos. . ."* (Mateo 6.13) También les aconsejó en el monte: *"Velad y orad,*

para que no entréis en tentación; el espíritu a la verdad está dispuesto, pero la carne es débil." (Mateo 26.41)

No debes tenerle miedo a la tentación, ella siempre va a venir. Pero poderoso es Dios para ayudarnos y darnos la salida. *"No os ha sobrevenido ninguna tentación que no sea humana; pero fiel es Dios, que no os dejará ser tentados más de lo que podéis resistir, sino que dará también juntamente con la tentación la salida, para que podáis soportar."* (1 Corintios 10.13)

CONCLUSIÓN

Como podemos ver las luchas, pruebas y tentaciones son parte del proceso de crecimiento del hijo de Dios. Éstas van a venir periódicamente y no hay nada que el creyente pueda hacer para evitarlas, pues las necesita para su madurez espiritual. Por eso es determinante que tú conozcas que estas cosas van a venir en tu vida cristiana y que necesitas estar preparado para hacerles frente. En todo ese proceso, es muy importante que sepas que Cristo irá contigo siempre, y que te ayudará para que salgas victorioso de todas las situaciones difíciles que se te presenten.

Capítulo 5

LA ARMADURA DE DIOS

"Vestíos de toda la armadura de Dios,
para que podáis estar firmes contra las asechanzas del diablo."
(Efesios 6.11)

INTRODUCCIÓN

Como hijos de Dios, estamos expuestos todos los días a ser atacados por el diablo, cuyo único propósito de hacernos caer, hacernos daño y destruirnos. Pero Dios nos exhorta a estar firmes contra sus acechanzas y resistirle. En este capítulo conoceremos al enemigo más de cerca y aprenderemos cómo hacerle frente para salir victoriosos utilizando los recursos que Dios nos ha dado. Entre esos recursos se halla "la armadura de Dios", de la cual hablaremos a continuación.

I. UN LLAMADO A ESTAR FIRMES

El apóstol Pablo estimula a los hermanos de Éfeso a vestirse como un soldado para la batalla, una batalla que, a menos que se reconozca o admita su existencia, nunca se podrá ganar (Efesios 6.11). En este pasaje bíblico podemos percibir un llamado de Dios para que estemos firmes contra los ataques del enemigo. Estos ataques se intensifican a medida que avanzamos en el Camino. Cada día, el diablo tiende muchas trampas para que caigamos.

La palabra griega que se traduce "firmes" es *jistemi*, que quiere decir estar en pie[15], o dicho en otras palabras, listo y fuerte para entrar a la batalla. La única forma en que le podemos hacer frente al enemigo es estando firmes y, aunque sabemos que nuestra firmeza no está en nosotros sino en Dios, necesitamos estar firmes para poder enfrentar todo aquello que se ponga en contra de nosotros.

II. LA GUERRA CONTRA EL ENEMIGO

Tú debes saber que, desde el día en que te bautizaste y decidiste servir a Cristo, entraste en una guerra cuerpo a cuerpo con nuestro adversario. Esta es una guerra declarada y es por la vida misma. Como hijos de Dios, enfrentamos todos los días a nuestro enemigo y sus estrategias, que utiliza con el único fin de que no lleguemos al Cielo. La Biblia nos dice al respecto por medio del apóstol Pedro: *"Sed sobrios, y velad; porque vuestro adversario el diablo, como león rugiente, anda alrededor buscando a quien devorar."* (I Pedro 5.8) Como puedes darte cuenta, el enemigo de nuestras almas no descansa en su intento de matar y destruir vidas.

A. La realidad de Satanás

Algunas personas piensan que el diablo es sólo un mito y que los cristianos lo han inventado para "meter miedo" a le gente. Sin embargo la existencia del diablo es una total realidad. La Biblia detalla en Ezequiel 28.12-18 cómo y para qué fue creado Satanás. Además da detalles claros de su caída y de cómo fue expulsado de la presencia de Dios, constituyéndose en diablo. Este querubín protector —así fue creado— se rebeló contra Dios y fue destituido del lugar que tenía,

---

[15] Enciclopedia Electrónica Ilumina, *Vine Diccionario Expositivo* (Nashville, TN: Caribe-Betania, 1999).

pero no se quedó con los brazos cruzados, sino que también se tornó en contra de la creación de Dios. Es por eso que desde el principio el diablo atacó a Adán y a Eva, haciéndoles caer de la gracia de Dios (Génesis 3) y causando que perdieran gran parte de las bendiciones que Dios les había otorgado. Fue un ataque muy estratégico del enemigo, pues provocó una caída con terribles repercusiones para la especie humana entera, hasta el día de hoy. Desde este punto de vista es que afirmamos que Satanás es real y que la guerra del cristiano en contra de las tinieblas es también una realidad.

B. La naturaleza de nuestra batalla

La Biblia nos describe muy claramente en el libro de Efesios la naturaleza de nuestra guerra: *"Porque no tenemos lucha contra sangre y carne, sino contra principados, contra potestades, contra los gobernadores de las tinieblas de este siglo, contra huestes espirituales de maldad en las regiones celestes."* (Efesios 6.12)

1. No es contra sangre y carne. Debes comprender que tu lucha es contra el diablo, no contra algún hermano, pariente o compañero. A veces la otra persona sólo quiere ayudar, pero el diablo hace que la veas como tu enemiga, para que quedes mal con ella. En otras ocasiones, el diablo sí usa a una persona como un medio para estorbarte; de todos modos no es ella tu verdadero enemigo. (Leer Mateo 16.23)

2. Es contra principados, potestades. Contra gobernadores de las tinieblas. Esto nos habla de la clase de estructura y organización que el ejército de Satanás ostenta para hacernos la guerra.

3. Algunos dardos del maligno son el desánimo, la incredulidad, la falta de fe, las mentiras y los pensamientos negativos. Se trata de armas poderosas del enemigo contra todo hijo de Dios. Él sabe que si logra desanimarte, abandonarás la carrera y dejarás de servir a Dios. Si él logra hacerte caer con sus ideas

de incredulidad, estarás terminado pues al no creerle a Dios, no tendrás de dónde echar mano en el tiempo malo.

4. La influencia del enemigo. Muchas veces el enemigo utiliza personas de nuestro entorno para que nos hagan la vida difícil. Más aun, a veces las personas nos hacen la guerra deliberadamente, ya sea por envidia, celos o cualquier otra cosa. Así mismo le ocurrió al apóstol Pablo, quien era un hombre de Dios, poderoso en la Palabra, pero que tuvo muchas batallas como las nuestras. Por ejemplo, en la iglesia de Corinto hablaron mal de él y lo juzgaron como si Pablo *"anduviese en la carne"* (2 Corintios 10.2). Además, lo tuvieron por fuerte en las cartas pero por débil en presencia corporal (2 Corintios 10.10).

C. La estrategia del enemigo

Si bien nuestros principales antagonistas son el diablo, el mundo y la carne hay otras luchas espirituales que tenemos que enfrentar. El apóstol Pablo las describe así: *"Porque las armas de nuestra milicia no son carnales, sino poderosas para la destrucción de fortalezas, derribando argumentos y toda altivez que se levanta contra el conocimiento de Dios, y llevando cautivo todo pensamiento a la obediencia a Cristo."* (2 Corintios 10.4-5) Aquí podemos ver otras tres cosas con las que el hijo de Dios tiene que pelear:

1. Fortalezas. Se trata de murallas que nosotros mismos vamos levantando a través del tiempo. Éstas pueden comenzar con un sencillo desacuerdo o enojo que termina por establecer un bloqueo en nosotros.

2. Argumentos. Los argumentos son las opiniones que muchas veces tenemos respecto de algún asunto concerniente a la verdad, opiniones que, aunque incorrectas, ya han sido establecidas en nuestro corazón y sólo el Señor las puede quitar.

3. Altivez contra el conocimiento de Dios. La altivez es todo reto que se hace contra el conocimiento o sabiduría de Dios, toda subestimación a su Palabra, a su autoridad y a lo establecido por Él; toda consideración de las cosas de Dios de una manera demasiado sencilla o simple.

III. LA ARMADURA DE DIOS

A. La necesidad de una armadura

La Biblia dice: *"Por tanto, tomad toda la armadura de Dios, para que podáis resistir en el día malo, y habiendo acabado todo, estar firmes."* (Efesios 6.13) Este verso bíblico nos habla del día malo, indicando que como cristianos inevitablemente tendremos días malos. Se trata de ese día cuando el enemigo viene y nos ataca. Si no estamos listos, tal día puede ser fatal. Es entonces cuando necesitamos la armadura de Dios. La única forma de resistir es usar lo que Dios nos ha dado. Por medio de este pasaje bíblico somos exhortados a vestirnos de "toda la armadura de Dios". ¿Qué significa esto? Un soldado necesita toda la armadura para poder entrar al campo de batalla. Si lleva puesto el casco pero no el escudo, por ejemplo, de seguro no podrá hacerle frente al enemigo. ¡Saldrá derrotado! Cada parte de la armadura es necesaria para una confrontación exitosa.

B. La naturaleza de la armadura

Pablo exhorta a los efesios a estar firmes y además les da una lista de cosas que todo guerrero debe usar cuando va al campo de batalla (Efesios 6.14-17).

1. Ceñirse los lomos con la verdad.
2. Vestirse con la coraza de justicia.
3. Calzarse los pies con el apresto del evangelio de la paz.
4. Tomar el escudo de la fe, para apagar los dardos del enemigo.

5. Llevar el yelmo de la salvación.

6. Usar la espada del Espíritu, que es la palabra de Dios.

Bien sabemos que nuestras luchas no son contra ejércitos materiales, mucho menos contra naciones de esta Tierra sino contra potestades espirituales y contra Satanás mismo (Efesios 6.12). Adicionalmente, el diablo utilizará muchas veces a personas de nuestro entorno para que nos hagan la guerra, como ya dijimos.

C. El poder de nuestra armadura

Nuestro armamento no consiste de pistolas, rifles de asalto, cañones o tanques de guerra. No necesitamos ir a aprender karate para pelar o boxeo para golpear a nuestro enemigo. ¡No! Nuestras armas verdaderas son espirituales. El escritor del libro de Efesios dice que nuestras armas no son carnales, sino poderosas en Dios dándonos a entender que las armas carnales podrán ser potentes, pero nunca tendrán el poder para vencer las tinieblas, y mucho menos el poder de Satanás. El poder de nuestras armas está en Dios, quien es el único súper poderoso para la destrucción de fortalezas, de argumentos y de toda altivez que se levante contra Él.

1. La palabra de Dios. La palabra de Dios es el recurso más poderoso que tenemos para pelear contra cualquier argumento. (Leer Hebreos 4.12-13) La Palabra tiene poder. Cuando Cristo fue tentado por Satanás, como ya vimos, lo ahuyentó por medio de la Palabra (Mateo 4.3-11). Jesús usó solamente palabra de Dios para poner en fuga a Satanás. Tan poderosa es la palabra de Dios que un centurión cuyo siervo estaba muriéndose dijo a Jesús: *"Solo di la palabra, Señor, y mi siervo sanará."* (Mateo 8.8) (Leer también Efesios 6.14,17)

2. La oración. Hay mucho poder en la oración. Se trata de un arma fundamental para enfrentar victoriosamente los

problemas y dificultades. Jesús dijo: *"Y todo lo que pidiereis en oración, creyendo, lo recibiréis."* (Mateo 21.22) Otro texto dice: *"Elías era hombre sujeto a pasiones semejantes a las nuestras, y oró fervientemente para que no lloviese, y no llovió sobre la tierra por tres años y seis meses. Y otra vez oró, y el cielo dio lluvia, y la tierra produjo su fruto."* (Santiago 5.17-18) Y el rey Ezequías oró a Dios cuando el rey de Asiria vino a pelear contra él y Dios le dio la victoria (2 Reyes 19.14). Por eso Jesús aconsejó a sus discípulos: *"... orad para que no entréis en tentación."* (Marcos 14.38)

3. La consagración y el ayuno. Una vida consagrada a Dios es el arma más poderosa que tiene un cristiano. La vida consagrada se vive no sólo apartándose de todo lo malo de este mundo, sino también por medio del ayuno. Muchas veces pensamos que el ayuno nos sirve para pelear contra Satanás y en efecto así es. Sin embargo es por medio del ayuno que dominamos primero nuestra propia carne y pasiones y así vivimos en victoria. (Leer Mateo 17.21)

CONCLUSIÓN

Como hijo de Dios tienes un armamento poderoso para destruir todos los dardos que el enemigo te lance. Para vivir siempre en victoria, solamente debes usarlo. Lo que Dios te ha dado es suficiente para hacer frente al enemigo y para que vivas la vida cristiana en su máxima expresión.

Capítulo 6

LA VIDA EN EL ESPÍRITU SANTO

"Digo, pues: Andad en el Espíritu,
y no satisfagáis los deseos de la carne."
(Gálatas 5.16)

INTRODUCCIÓN

El creyente necesita la fuerza y el poder de Dios para subsistir en este mundo y para salir victorioso en su caminar cristiano. Para eso requiere que Dios le acompañe en su camino. El compañero del cristiano es y debe ser el Espíritu Santo. A veces no se le presta importancia a la vida en el Espíritu Santo y sin embargo, sin ello el cristiano no puede vivir. En este capítulo aprenderemos lo que significa el término "Espíritu Santo" y sus implicaciones en la vida del creyente, el porqué es importante que se reciba y cuál es la forma de recibirlo.

I. LA NECESIDAD DEL ESPÍRITU SANTO

Jesús mandó a sus discípulos que se quedaran Jerusalén hasta que recibieran el Espíritu Santo y con él, poder desde lo alto (Lucas 24.49). Con este texto nos damos cuenta de la trascendencia que tiene el Espíritu Santo en la vida de los creyentes. Para Jesús era muy importante que sus discípulos no salieran por el mundo a predicar el Evangelio hasta que recibieran este poder espiritual, es decir, que recibieran el Espíritu Santo en sus vidas. El hijo de Dios debe ser investido del Espíritu de Dios para poder hacerle frente a todo lo que le venga, así como para poder vivir la vida cristiana de la forma que Dios quiere que la viva.

II. DEFINICIÓN

Antes de proseguir con este tema es necesario que definamos algunos términos utilizados por Jesús para referirse al Espíritu Santo de Dios y veamos la definición que la Iglesia le ha dado a través del tiempo.

A. El significado de la palabra "espíritu"

La palabra "espíritu" procede, según el diccionario Vine, de las palabras *ruakh* y *pneuma*, idiomas hebreo y griego, respectivamente. Dichas palabras se emplean para traducir el término espíritu en la Biblia y ambas significan literalmente "viento" o aire en movimiento. Sin embargo y en la opinión de los especialistas, el sentido original de ambas es "aliento" o sea el aire puesto en movimiento por la respiración[16]. Un ejemplo del uso de esta palabra es precisamente cuando Dios formó al hombre del polvo de la tierra y sopló en su nariz *pneo* (aliento) de vida, gracias a lo cual el hombre fue un ser viviente (Génesis 2.7).

---

[16] Enciclopedia Electrónica Ilumina, *Vine Diccionario Expositivo* (Nashville, TN: Caribe-Betania, 1999).

B. El término "Espíritu Santo"

Es necesario aclarar por qué la Biblia usa el término "Espíritu Santo". Se trata simplemente de la expresión con que tradicionalmente la iglesia cristiana se ha referido a la manifestación de Dios en la vida de los creyentes. La expresión "Espíritu Santo" es muy común en el Nuevo Testamento, aunque poco frecuente en el Antiguo Testamento. En éste último se asocia más con "algo" que Dios otorgaba a los hombres, al poder y la fuerza con que Dios actuaba en determinadas personas y situaciones. (Leer Jueces 14.6) En cambio, en el Nuevo Testamento se observa un claro proceso de personificación. Veamos tres ejemplos:

1. Jesús les dijo a sus discípulos que enviaría el Espíritu Santo: *"Pero yo os digo la verdad: Os conviene que yo me vaya; porque si no me fuera, el Consolador no vendría a vosotros; mas si me fuere, os lo enviaré."* (Juan 16.7)
2. El Espíritu Santo estaba activo en la Iglesia. En una ocasión, Dios les habló directamente sobre un asunto: *"Ministrando éstos al Señor, y ayunando, dijo el Espíritu Santo: Apartadme a Bernabé y a Saulo para la obra a que los he llamado."* (Hechos 13.2)
3. Además la expresión "Espíritu Santo" es empleada para referirse a Dios, puesto que Dios es Espíritu (Juan 4.24). Es decir que Dios es el Espíritu Santo.

En resumen, el término "Espíritu Santo" se refiere a la manifestación de Dios en la vida del creyente y a un elemento que es vital para la subsistencia del hijo de Dios en este mundo.

III. LAS CARACTERÍSTICAS DEL ESPÍRITU SANTO

A veces el creyente no comprende del todo, no dimensiona lo que significa haber recibido el Espíritu Santo. El apóstol Pablo escribe a Timoteo lo siguiente: *"...porque no nos ha dado Dios espíritu de cobardía, sino de poder, de amor y de dominio propio."* (2 Timoteo 1.7) En este pasaje bíblico, se mencionan tres características del Espíritu Santo que hemos recibido, y el papel que ellas juegan en nuestra vida. Pero primero veamos qué característica no es del Espíritu Santo.

A. "Porque no nos ha dado Dios espíritu de cobardía"

La palabra "porque" se relaciona con el verso 6 e indica que el destinatario de la carta necesitaba una exhortación similar a esta: "Si has recibido un don, Timoteo, no lo dejes apagar; y no tengas miedo de usarlo; porque Dios no te ha dado espíritu de cobardía …" La palabra "cobardía" viene del griego *deilia* y significa también timidez. Se trata de un término que nunca es usado en un buen sentido en la Biblia. Pablo emplea aquí dicha palabra para afirmar que Timoteo no usaba o avivaba su don debido a la *deilia*, es decir, por timidez o cobardía. Dios nos ha dado dones poderosos para usarlos en beneficio de la Iglesia, en beneficio de nuestra familia y obviamente de nosotros mismos. No debemos tener miedo de usarlos, pues la cobardía no proviene del Espíritu de Dios.

B. El espíritu que Dios nos ha dado

I. Es un Espíritu de poder. Cuando alguien recibe el Espíritu Santo, rápidamente se da cuenta de que algo nuevo y diferente sucede en su vida. No solamente siente gozo, sino que también experimenta una fuerza superior apoderándose de su persona, que ahora le permite vencer cosas que antes no podía vencer. ¿Qué está sucediendo? El Espíritu de poder ha venido sobre él y le ha llenado de una nueva fuerza espiritual. Jesús dijo: *"He aquí yo enviaré la promesa de mi Padre sobre vosotros; pero quedaos en la ciudad de Jerusalén, hasta que seáis investidos de poder de lo alto."* (Lucas 24.49 y Hechos 1.8) El Señor nos ha dado el poder y la fuerza para vencer situaciones difíciles de tentación y luchas que se presentan en la vida. Si así no fuera, ¿cuál sería la diferencia entre nosotros y los que no tienen a Dios? Lo que Dios nos ha dado es algo especial, un poder tremendo: el poder para cambiar, para vencer, para salir adelante aunque la situación nos sea adversa.

2. Es un Espíritu de amor. El Espíritu no sólo es poder; también es amor en nuestra vida. Dos discípulos dijeron a Jesús (porque los samaritanos no los habían querido recibir): *"Señor, ¿quieres que mandemos que descienda fuego del cielo, como hizo Elías, y los consuma?"* Pero Jesús contestó a estos que aún no habían entendido de qué se trataba aquella misión: *"Vosotros no sabéis de qué espíritu sois, porque el Hijo del Hombre no ha venido a perder las almas de los hombres, sino a salvarlas."* (Lucas 9.54-56) Con el Espíritu de Dios se recibe poder para hacer descender fuego del cielo, pero también poder para amar a los demás, especialmente a aquellos que son difíciles de amar.

El hijo de Dios debe tener amor. Es la Iglesia la que muestra el amor de Dios a través del cuidado y la preocupación por los demás. El creyente debe amar a las personas. Precisamente eso fue lo que pidió Jesús a sus discípulos, cuando dijo: *"En esto conocerán todos que sois mis discípulos, si tuviereis amor los unos con los otros."* (Juan 13.35) Y se los ratificó en Juan 15.12-13. Sin amor no somos nada. En uno de los pasajes bíblicos más hermosos y más claros sobre al significado del amor en el cristiano, se nos dice lo siguiente: *"Si yo hablase lenguas humanas y angélicas, y no tengo amor, vengo a ser como metal que resuena . . . y si tuviese toda la fe, de tal manera que trasladase los montes, y no tengo amor, nada soy . . . y si entregase mi cuerpo para ser quemado, y no tengo amor, de nada me sirve."* (1Corintios 13.1-3)

La persona que posee el Espíritu de Dios indefectiblemente poseerá un amor tan grande que será capaz de perdonar las ofensas, de amar a su enemigo y de soportar a quienes le hacen mal. Obviamente, esto sólo puede provenir del Espíritu Santo, como veremos más adelante.

3. Es un Espíritu de dominio propio. Esta es una parte crucial de nuestra vida cristiana. Dios nos ha dado su Espíritu para dominar nuestra carne y nuestras pasiones. La expresión "dominio propio" es traducida del griego *sophronismos* que significa: salvando la mente, mente sana, cordura, templanza. Cuando Pablo dice que Dios nos ha dado un espíritu de dominio propio, está diciendo que los que nos hemos entregado a Cristo, debemos tener *sophronismos* o mente sana. El cristiano que ha sido lleno del Espíritu Santo y que tiene dominio propio es uno que está bien de la mente, que es dueño de sus decisiones, es decir que es capaz de controlar sus acciones y emociones.

Es importante que como creyente entiendas que el dominio propio es de vital importancia para tu desarrollo espiritual. En ocasiones tendrás que tomar decisiones que afectarán positiva o negativamente tu vida, tu futuro. Por ejemplo, si alguien te ofende en la calle o en el trabajo con una mala palabra, tienes dos opciones: contestar o quedarte callado. En este punto no sobra decir que si posees dominio propio no responderás al otro de la misma manera y probablemente hasta te quedes callado. Pudiera sucederte que tus compañeros de trabajo te ofrezcan un cigarrillo o una cerveza, si eres un cristiano con dominio propio, rechazarás tal invitación. Pablo escribió: *"Todas las cosas me son lícitas (permitidas), pero no todas convienen; todas las cosas me son lícitas, mas yo no me dejaré dominar de ninguna."* (I Corintios 6.12) En otra carta Pablo afirma que los que son de Cristo han crucificado la carne con sus pasiones y deseos (Gálatas 5.24).

IV. LA VIDA EN EL ESPÍRITU SANTO

Como se ha visto anteriormente, el Espíritu Santo es de suma importancia para cada cristiano y ejercerá una influencia muy fuerte en su vida. A continuación, describiremos algunas áreas que evidencian lo indispensable que es el Espíritu Santo para el hijo de Dios.

A. En la vida espiritual

1. El Espíritu Santo es indispensable para entrar al reino de Dios. En su conversación con Nicodemo, Jesús le dijo: *"De cierto, de cierto te digo, que el que no naciere de agua y del Espíritu, no puede entrar en el reino de Dios."* (Juan 3.5) Este texto contiene al menos dos elementos dignos de consideración. El primero tiene que ver con el nacer de agua —bautismo— y del Espíritu —ser lleno del Espíritu Santo—. El segundo con que, sin el Espíritu Santo, no se puede entrar al reino de Dios. Entiéndase "el reino de Dios" como el lugar desde donde Dios gobierna.

2. El Espíritu Santo es indispensable para recibir poder espiritual. *"Pero recibiréis poder, cuando haya venido sobre vosotros el Espíritu Santo..."* (Hechos 1.8)

3. El Espíritu Santo es indispensable para enseñarnos y recordarnos todas las cosas. *"Mas el Consolador, el Espíritu Santo, a quien el Padre enviará en mi nombre, él os enseñará todas las cosas, y os recordará todo lo que yo os he dicho."* (Juan 14.26)

4. El Espíritu Santo es indispensable para guiarnos a toda la verdad. *"Pero cuando venga el Espíritu de verdad, él os guiará a toda la verdad; porque no hablará por su propia cuenta, sino que hablará todo lo que oyere, y os hará saber las cosas que habrán de venir."* (Juan 16.13)

B. En el carácter cristiano

La influencia y los efectos más grandes del Espíritu Santo en el creyente se manifiestan en el área del carácter y las acciones. Pablo enseña que el cristiano que tiene el Espíritu Santo posee determinadas virtudes que le hacen muy distinto de aquellos que no lo tienen. Encontramos dichas virtudes en el siguiente texto bíblico: *"...el fruto del Espíritu es amor, gozo, paz, paciencia, benignidad, bondad, fe, mansedumbre, templanza; contra tales cosas no hay ley."* (Gálatas 5.22-23) Este pasaje bíblico establece la mayoría de las cosas que queremos saber en cuanto al buen comportamiento del cristiano, pues es el Espíritu Santo el que influye en el individuo para que estas virtudes salgan a relucir. Veamos el significado de cada palabra según el diccionario Strong[17].

1. Amor. Viene del griego *ágape* y se traduce como amor o benevolencia. Se refiere al amor de Dios. Es exactamente esa clase de amor que debe tener el cristiano y del cual se desprenden las demás clases de amor tales como el amor de los cónyuges, de los hijos, hermanos, etc. El amor —dice Pablo— es lo más importante en el servicio a Dios, pues se puede ser todo y tener todo, pero si no se tiene amor la persona no es nada. La Biblia también nos enseña que debemos amar a Dios (Mateo 22.34-38), al prójimo (Mateo 22.39), a la esposa (Efesios 5.25,28); a nuestros enemigos (Lucas 6.27-35) y a los hermanos (1 Pedro 2.17).

2. Gozo. Proviene del griego *jará* que se traduce como alegría, deleite, gozo. Pablo utiliza esta palabra varias veces para referirse a un tipo de gozo que se basa en la influencia del Espíritu Santo de Dios en nuestra vida, un gozo que es puramente alimentado por Dios. El cristiano debe gozarse ante la presencia del Señor, por su salvación, por los testimonios de Dios, en los cultos de alabanza al Señor y aún en las tribulaciones. El gozo del cristiano no está basado en los bienes del mundo o en las condiciones de vida sino

---

[17] James Strong, *Nueva Concordancia Strong Exhaustiva* (Nashville, TN-Miami FL: Editorial Caribe, 2002).

más bien en la seguridad de que es Dios quien lo produce y que no importa qué tan difícil sea nuestra situación, todavía podemos gozarnos. El apóstol Pablo escribió a los filipenses desde la cárcel y desde allá se gozaba y les estimulaba a ellos a gozarse también (Filipenses 4.4).

3. Paz. Viene del griego *eirene* que se emplea para describir una paz que habita en nosotros como resultado del perdón de nuestros pecados y de una conciencia limpia (Romanos 5.1). Esta paz es producto de nuestra confianza en el Señor y también una norma en nuestras relaciones sociales. Como hijos del Dios de paz, debemos tener paz entre nosotros y sólo Dios es quien nos la proporciona a través de nuestra comunión con Él.

4. Paciencia. Esta palabra viene del griego *makrodsumía* que se traduce como longanimidad, soporte, aguante. La longanimidad es aquella cualidad o virtud de auto-refrenamiento ante la provocación, que no toma represalias apresuradas ni castiga con celeridad. Es lo opuesto a la ira y se asocia con la misericordia. La paciencia es la cualidad que no se rinde ante las circunstancias, ni se da por vencida ante la prueba. Está asociada con la esperanza, es lo opuesto a la desesperanza (Santiago 1.3; 5.8).

5. Benignidad. Del griego *jrestótes* se traduce como utilidad, excelencia, benignidad, bondad, bueno. Esta palabra nos habla de la bondad del corazón y se muestra en particular con las personas necesitadas, pobres, niños, esclavos, etc. (Efesios4.32).

6. Bondad. Del griego *agadsosune* que es traducida como virtud, bondad o beneficencia. El cristiano bondadoso es aquel que es noble y posee una combinación de justicia y amor (Romanos 15.14).

7. Fe. Del griego *pistis* que también se traduce como fidelidad. A distinción de la fe básica que es necesaria para la salvación, *pistis* se refiere a ser leal, honesto y digno de confianza. Una persona fiel cumplirá sus promesas, será formal, una persona de la cual se podrá depender, responsable de sus deberes, puntual y cumplida.

8. Mansedumbre. Del griego *praótes* que se traduce también como gentileza. Significa un espíritu de sacrificio de los propios derechos en bien de los demás. También puede indicar el ser humilde (Tito 3.2).

9. Templanza. Del griego *enkratéia* que significa dominio propio, continencia, templanza. Es el dominio de los deseos e impulsos carnales. El hombre templado es aquel que tiene control de los deseos de su carne; como dijo Pablo: *"Los que son de Cristo, han crucificado la carne con sus deseos."* (Gálatas 5.24)

Como podemos observar, se espera del creyente que tiene el Espíritu Santo que muestre estas virtudes en su comportamiento, pues de no hacerlo entonces revelaría que no posee este gran regalo de Dios. En otras palabras, su proceder sería anti-ético, uno que no condice con la ética cristiana.

V. LA NECESIDAD DE RECIBIR EL ESPÍRITU SANTO

A. Recibiendo el Espíritu Santo

A veces se torna un poco dificultoso el que alguien reciba el Espíritu Santo. Esto se da especialmente con personas tímidas y reservadas. Alguien incluso puede llegar a pensar: "El Espíritu Santo no es para mí" y de esa manera resignarse o acostumbrarse a vivir su vida cristiana sin el Espíritu Santo. Sin embargo, el cristiano necesita la llenura del Espíritu Santo y debe buscarla. En la Biblia tenemos un caso en que ciertos hermanos no la habían recibido y se necesitó de la intervención de los Apóstoles: *"Cuando los apóstoles que estaban en Jerusalén oyeron que Samaria había recibido la palabra de Dios, enviaron allá a Pedro y a Juan; los cuales, habiendo venido, oraron por ellos para que recibiesen el Espíritu Santo; porque aún no había descendido sobre ninguno de ellos, sino que solamente habían sido bautizados en el nombre de Jesús. Entonces les imponían las manos, y recibían el Espíritu Santo."* (Hechos 8.14-17) En este pasaje bíblico podemos ver que los hermanos de Samaria habían sido bautizados en agua, pero no habían recibido el bautismo del Espíritu Santo. Tuvieron que venir dos de los Apóstoles e imponerles las manos para que lo recibieran. Esto nos enseña la importancia del Espíritu Santo. Es necesario que el nuevo creyente busque esta llenura en sus primeros pasos con Cristo. De hecho, debe ser la prioridad cuando comienza su vida cristiana y debe ser ayudado para que la reciba.

B. ¿Cómo recibir el Espíritu Santo?

Aunque recibir el Espíritu Santo no funciona por medio de un truco o fórmula concreta, considero que para recibir el Espíritu Santo se pueden seguir los siguientes pasos:

1. La persona debe QUERER recibirlo. El texto para fundar esta idea son las palabras de Cristo mismo: *"...Si alguno tiene sed, venga a mí y beba. El que cree en mí, como dice la Escritura, de su interior correrán ríos de agua viva. Esto dijo del Espíritu que habían de recibir los que creyesen en él ..."* (Juan 7.37-39) Dios no le dará algo al hombre si éste no lo quiere.

2. La persona lo debe PEDIR. Una vez más, de la misma boca de Jesús sale esto: *"Pues si vosotros, siendo malos, sabéis dar buenas dádivas a vuestros hijos, ¿cuánto más vuestro Padre celestial dará el Espíritu Santo a los que se lo pidan?"* (Lucas 11.13) Este segundo elemento va de la mano del primero. Si una persona lo quiere, lo debe pedir. Ya Jesús había enseñado este principio anteriormente: *"Pedid y se os dará."* (Mateo 7.7)

3. La persona lo debe BUSCAR hasta que lo reciba. Cuando hablamos de buscarlo no es que Dios se ha perdido y no se le encuentra sino que hay que orar y orar hasta que se lo reciba. Eso fue precisamente la orden de Jesús: *"...pero quedaos vosotros en la ciudad de Jerusalén, hasta que seáis investidos de poder desde lo alto."* (Lucas 24.49) A veces se tiene que esperar hasta recibirlo. Ellos estuvieron diez días esperando la promesa de Cristo pero el día décimo el Señor los bendijo con este regalo tan especial. El creyente debe saber que este es el regalo más grande, después de la salvación de nuestras almas y por lo tanto no va a venir sólo porque somos hijos de fulano o mengano, sino por una intensa búsqueda de Él.

4. Se debe ORAR por el Espíritu Santo. En el último de los casos, y cuando sea requerido, debe haber una intervención por medio de la oración o la intercesión de otras personas, tales como los ministros o pastores. El texto antes leído dice que *"...les imponían las manos, y recibían el Espíritu Santo."* (Hechos 8.17)

CONCLUSIÓN

Concluimos este capítulo diciendo que el Espíritu Santo debe ser el compañero del creyente en toda su peregrinación, de principio a fin. Tú nunca debes caminar sin él y, para que eso sea posible, debes permanentemente vivir lleno de Él. Lograrás esto viviendo consagrado y en búsqueda constante de Dios.

Capítulo 7

LA ORACIÓN

"Aconteció que estaba Jesús orando en un lugar, y cuando terminó,
uno de sus discípulos le dijo: Señor, enséñanos a orar,
como también Juan enseñó a sus discípulos."
(Lucas 11.1)

―――※※―――

INTRODUCCIÓN

La oración es una de las disciplinas más practicadas por aquellos cristianos que anhelan una comunicación con Dios. Dentro de nuestra fe es muy común que las personas oren y se trata por lo general de personas adultas. Sin embargo, la oración no es sólo para personas de una determinada edad, sino para todos los creyentes; especialmente aquellos que comienzan el camino cristiano. En este capítulo veremos el significado y la importancia de la oración, así como la práctica de la misma en la primera iglesia cristiana y nos enfocaremos en la importancia de aprender a orar.

I. APRENDIENDO A ORAR

A. La necesidad de aprender a orar

A veces pensamos que la oración es algo que se puede practicar de cualquier manera. Sin embargo cuando se trata de orar a Dios, es muy importante que aprendamos a hacerlo bien. Los discípulos de Jesús le pidieron que les enseñara a orar, así como Juan se lo había enseñado a sus discípulos (Lucas 11.1). Preguntémonos: ¿Por qué pidieron a Jesús que les enseñara a orar? Varios de ellos habían caminado con Juan, y otros tenían raíces judías. Se supone que ellos ya sabían orar. La respuesta más evidente es que Jesús oraba de una forma muy distinta a la de los rabinos judíos de entonces. Los discípulos descubrieron que la oración de Jesús era una oración viva y querían aprenderla. Richard Foster dice que "la calidad y el tiempo en la oración de Jesús hizo que ellos comprendieran lo poco que sabían acerca de la misma."[18]Matthew Henry explica que las oraciones judías estaban compuestas de alabanzas, adoraciones a Dios y doxologías —formas de alabanza—. Juan el bautista fue más allá y enseñó a sus discípulos a orar por medio de peticiones y eso es precisamente lo que le pidieron a Jesús que les enseñara[19].

B. Principios básicos de la oración

Cuando estudiamos las enseñanzas del Señor a sus discípulos podemos notar que Jesús les trasmite dos principios fundamentales referentes a la oración. Primero, la oración personal debe ser privada y para el Señor solamente, nunca para ostentar, vanagloriarse o humillar a otros (Mateo 6. 6). Segundo, se deben omitir palabrerías y vanas repeticiones, es decir, debemos saber lo que estamos diciendo. Debemos emplear palabras con sentido práctico y no sólo hablar por

---

[18] Richard Foster, *Alabanza a la disciplina* (Miami, FL: Editorial Betania, 1986), 49.
[19] Francisco Lacueva, *Comentario Bíblico de Matthew Henry* (Terrassa, Barcelona: Editorial CLIE, 1999).

hablar (Mateo 6.7). Estos dos principios son fundamentales para que nuestras oraciones a Dios no sólo tengan sentido, sino que sean efectivas. Y podemos agregar un tercer principio: las peticiones y rogativas que se hagan a Dios pueden ser contestadas inmediatamente, después de un tiempo determinado —incluso considerable— o absolutamente nunca contestadas. Esto último por la muy probable razón de que estamos pidiendo mal. Esta es una afirmación del apóstol Santiago: *"Pedís, y no recibís, porque pedís mal, para gastar en vuestros deleites."* (Santiago 4.3) Otro asunto que debemos considerar es que algunas veces Dios no contestará la petición que le hacemos porque la misma contradice Su voluntad o los planes que Él tiene para con nuestra vida. Recordemos, por ejemplo, que el apóstol Pablo oró tres veces por la sanidad de su dolencia, pero Dios nunca lo sanó de ella (2 Corintios 12.7-9).

Estos principios nos mantendrán humildes delante de Dios cuando venimos a orar delante de Él pues por un lado Dios es Todopoderoso y puede contestar nuestras oraciones y peticiones, pero por otro, Él también sabe lo que hace y nunca nos contestará una petición que vaya contra Su voluntad o sirva sólo para cumplir nuestros caprichos particulares.

II. ALGUNAS DEFINICIONES DE LA ORACIÓN

Richard Foster dice: "La oración nos lanza a la frontera de la vida espiritual. Es una investigación original en un territorio no explorado" y agrega que "la verdadera oración crea la vida y la transforma."[20] Sin lugar a dudas, hay muchas maneras de definir la oración. A continuación, veremos las más frecuentes.

---

[20] Richard Foster, *Alabanza a la disciplina* (Miami, FL: Editorial Betania, 1986), 46.

A. La oración es un diálogo con Dios

Entre las muchas definiciones que podemos encontrar del concepto "oración" está la del Diccionario Bíblico que dice que la oración es "diálogo entre Dios y las personas, especialmente las que son del pacto Divino."[21] La oración debe entenderse como una conversación o plática del cristiano con Dios. Esto es lo que la mayoría de los pensadores cristianos entienden acerca de este tema. Cuando alguien ora a Dios, lo que está teniendo realmente es un diálogo con Él. Sin embargo, para que este diálogo sea realmente eso, se tiene que dar en dos vías.

B. La oración es una relación entre el cristiano y Dios

Nuestro espíritu desea orar, quiere una relación con Dios pero nuestra carne o naturaleza pecaminosa se opone a ello. Por eso dijo Jesús: *"El espíritu a la verdad está dispuesto, pero la carne es débil."* (Marcos 14.38) La oración basada en un sincero deseo espiritual producirá un acercamiento genuino entre aquel que ora y Dios y facilitará una relación creciente a medida que la oración es practicada.

C. La oración es una comunicación directa con Dios

Otro asunto a considerar es la comunicación en la oración. Cuando necesitamos trasmitir una nueva regla o disposición a nuestros empleados o informar de una novedad a los compañeros de trabajo o de un asunto de importancia a los miembros de nuestra familia entonces tomamos el teléfono o escribimos un correo electrónico o convocamos a una reunión para comunicar aquello que nos interesa comunicar. Lo mismo sucede cuando tú oras. Le dices a Dios lo que necesitas decirle o lo que te propones hacer, etc. Desde esa perspectiva entonces tú puedes orar a Dios confiando en que Él escuchará tus

---

[21] Trent Butler, *Diccionario Bíblico Conciso Holman* (Nashville, TN: Broadman & Holman Publishers, 2001), 489.

oraciones. Como se registra en las Escrituras: *"Entonces me invocaréis y vendréis, y oraréis a mí; y yo os oiré."* (Jeremías 29.12)

D. La oración es una prueba de Fe

Por último, la oración es quizás la prueba de Fe más grande que existe pues cuando un cristiano ora, está confesando implícitamente que Dios está allí escuchándolo y no sólo escuchándolo, sino listo para intervenir cuando fuere necesario. Uno no puede orar a Dios si no cree que Él puede oírle. Por lo tanto, reconocemos que al que oramos es a un Dios que existe, que nos escucha y que actuará, pues atentos están sus oídos a la voz de nuestra súplica (Salmos 116.1).

III. MODELOS DE ORACIÓN

Cuando alguien se pregunta: ¿Qué debo decir en la oración? O, ¿qué no debo decir? –preguntas que los nuevos creyentes nos hacen con frecuencia– percibimos la importancia de contar con un modelo para orar. Muchas personas pueden comenzar su oración muy elocuentemente, pero después de unos pocos minutos ya no hallan qué decir o cómo seguir "hablando con Dios". Por eso surge esta idea de una forma o modelo de oración el cual sirva de guía para aquellas personas que quizás han perdido la esperanza de llegar a pasar un tiempo prolongado de conversación con Dios. A continuación, presentamos algunos modelos o formas que pueden servir como guía en el momento de la oración.

A. Tipos de oración

1. Oración al estilo libre. El Dr. David Cho dice que la oración al estilo libre es "como dar un paseo sin tener en la mente nada planificado en cuanto a dónde ir."[22] Esto quiere decir, según el autor del libro Modelos para orar, que el que ora

---

[22] David YonggyCho, *Modelos para orar* (Miami, FL: Editorial Vida, 1995), 17.

se dirige a Dios con un corazón libre, sin un propósito específico o guía.

2. Oración temática. Esta oración, de acuerdo al mismo autor, es "como emprender una caminata con un destino predeterminado en mente." A diferencia de la oración estilo libre, en este caso se tiene un propósito específico al orar[23]. La oración temática es muy común en nuestras iglesias, especialmente cuando hay alguna necesidad específica o cuando se presenta un plan concreto para la Iglesia. Por ejemplo cuando se busca la consagración o se proyecta construir un templo.

3. Oración de ondas concéntricas. En tercer lugar Cho habla de la oración estilo ondas concéntricas, semejante al fenómeno que se produce en la superficie del agua cuando lanzamos una piedra y se forman ondas concéntricas. El autor comenta que, bajo este modelo, el orador comienza orando por sí mismo, después ora por sus seres queridos y finalmente por cualquier otro motivo, otras personas, los líderes de la iglesia, su ciudad, etcétera[24].

4. Oración meditativa. En cuarto lugar está la oración meditativa que consiste en orar calladamente en forma mental, desde lo profundo del corazón. Esto se logra sólo después de desarrollar una vida de oración bien disciplinada. En la oración meditativa uno puede concentrarse bien, en silencio, en los asuntos y las necesidades que desea llevar al Señor[25].

5. Oración de alabanza. Por último, Cho menciona la oración de alabanza, que consiste en acercarnos a nuestro Padre Celestial

---

[23] Ibid. 19.

[24] Ibid. 31-34.

[25] Ibid. 73.

desbordando gratitud y alabanza a su Nombre sin mencionar necesidades personales específicas que podamos tener[26].

6. Oración de guerra espiritual. Además de los tipos de oración antes presentados, existen otras clases de oración que también son muy populares en diferentes círculos cristianos. Por ejemplo la oración de guerra espiritual en la cual se pelea contra el enemigo en alguna área específica. Este tipo de oración es necesario no sólo en la vida de la Iglesia, sino también en la vida personal. Existen momentos de la vida cristiana en que sencillamente es imposible conseguir la victoria si no se toma autoridad sobre lo que está estorbándola. Jesús dice que nadie puede entrar y saquear la casa del "hombre fuerte"[27] si primero no le ata (Mateo 12.29).

7. Oración de intercesión. También está la oración de intercesión en que el adorador intercede por casos específicos y personas específicas. Esta oración es muy común y la encontramos en muchas ocasiones en la Biblia. Por ejemplo en los ruegos de Abraham por Sodoma para que Dios no la destruyera (Génesis 18.23-33).

B. El Padre Nuestro

El modelo de oración más famoso y ejemplar es el que el Señor Jesús enseñó a sus discípulos (Mateo 6.9-13; Lucas 11.1-4). Esta oración no fue establecida por Jesús para hacerse como repetición o, como dice Matthew Henry, para que nos atemos a un formulario de

---

[26] Ibid. 77.

[27] Nota del editor: el "hombre fuerte" a ser atado es Satanás. El diablo tiene un reinado sobre este mundo de pecado, y gobernó sobre los suyos con relativa tranquilidad hasta que Cristo llegó. Entonces el Señor ató al diablo y abrió el camino para que su ejército —la Iglesia— pueda entrar al territorio del enemigo y saquear sus bienes; es decir, rescatar a las almas perdidas para el reino de Dios.

frases sagradas o mágicas[28]. Jesús más bien quiso dejar establecidos algunos elementos o principios que se deben tomar en cuenta al orar a Dios.

1. "Padre Nuestro que estás en los cielos". Esta primera frase destaca a Dios como el proveedor que se encarga de velar por sus hijos para que no les falte nada, como uno que guía o dirige a sus hijos a una vida saludable. También se refiere al amor y cuidado que un padre tiene por sus hijos. A Dios le gusta que sus hijos le llamen "padre" al orar, por eso Jesús mismo oraba diciendo "Abba, Padre" (Marcos 14.36). Abba según el diccionario significa "padre" e indica una relación intima con Dios[29].

2. "Santificado sea tu Nombre". Esta parte nos habla de la adoración que le debemos dar a Dios en nuestra oración. Dios es santo y habita en medio de las alabanzas de su pueblo por lo tanto, el que ora debe santificar a Dios, o darle adoración.

3. "Venga tu reino". Aquí se menciona el dominio de Dios en el Cielo y en la Tierra. Esta petición significa rendición a Dios, sometimiento. Es importante entender que, cuando oramos a Dios porque venga su reino, estamos diciendo en realidad que Él es quien debe reinar sobre nosotros. Matthew Henry dice que este reino de Dios "es el área en que Dios tiene su gloria y donde se entra a ella por medio de la sumisión".[30]

4. "Hágase tu voluntad en el Cielo como en la Tierra". Aunque tenemos necesidades y sabemos que Dios las suple, lo más importante es orar para que se haga siempre la voluntad

---

[28] Francisco Lacueva, *Comentario bíblico de Matthew Henry* (Terrassa, Barcelona: Editorial CLIE, 1999), 1088.

[29] Trent Butler, *Diccionario Bíblico Conciso Holman* (Nashville, TN: Broadman&HolmanPublishers, 2001), 2.

[30] Francisco Lacueva, *Comentario bíblico de Matthew Henry* (Terrassa, Barcelona: Editorial CLIE, 1999), 1089.

de Dios, no la nuestra. Este punto pudiera sonar como contraproducente, puesto que oramos y pedimos a Dios por diversas cosas. Sin embargo, dentro de la misma oración modelo Jesús nos dice que debemos orar para que se haga Su voluntad, lo que no quiere decir que Dios no vaya a contestar nuestras peticiones, sino que en última instancia la voluntad de Dios debe sobresalir o tener la preeminencia sobre nuestras peticiones. (Leer Lucas 22.42)

5. "El pan nuestro de cada día, dánoslo hoy". Esto se refiere a nuestra dependencia diaria de Dios, dejando de lado toda ambición. Uno de los factores que más estrés produce en la sociedad de hoy es el afán de poseer muchas cosas materiales. La realidad es que lo único importante, o lo único imprescindible, es tener lo necesario para subsistir y eso es lo que debemos pedir a Dios.

6. "Perdónanos nuestras deudas, como también nosotros perdonamos a nuestros deudores". Nuestra oración debe incluir primeramente el pedir perdón a Dios y luego el perdonar a otros que nos han ofendido. Muchas trabas u obstáculos de nuestra oración son quitados cuando el perdón es incluido en la misma.

7. "No nos metas en tentación, mas líbranos del mal". Aunque Dios no tienta a nadie, muchas veces permite que pasemos por situaciones en que la tentación se puede presentar. Debemos orar para que no entremos o caigamos en la tentación y seamos librados.

8. "Porque tuyo es el reino, el poder y la gloria por todos los siglos". Aquí es donde termina la oración y debemos cerrarla siempre con alabanza y adoración.

Habiendo sido este modelo de oración enseñado por Jesús directamente, podemos concluir que el mismo contiene aquello que

Roberto Tinoco

Dios realmente espera oír de nosotros al orar, por lo que es muy importante que hagamos uso de él.

IV. LOS EFECTOS DE LA ORACIÓN

Algo que debes saber es que, cuando oras, tu oración tendrá un efecto poderoso tanto en tu vida como en la de otras personas.

A. La oración abre el Cielo

Cuando Jesús oró, fue tan poderosa su oración que abrió los cielos: *"Y orando el cielo se abrió."* (Lucas 3.21) Cuando Esteban oró, pudo ver a Cristo en el Cielo: *"Esteban, lleno del Espíritu Santo, puestos los ojos en el cielo, vio la gloria de Dios y a Jesús que estaba a la diestra de Dios; y dijo: veo los cielos abiertos, y al Hijo del Hombre que está a la diestra de Dios."* (Hechos 7.55-56)

B. La oración cambia las cosas

La Biblia dice que el que esté afligido haga oración y que el que esté enfermo llame a los ancianos de la iglesia para que oren por él, ungiéndole con aceite en el nombre del Señor (Santiago 5.13-14). Luego agrega que *"la oración eficaz del justo puede mucho."* (V. 16) ¡La oración lo cambia todo! En sus frecuentes enseñanzas sobre la oración, Jesús utilizó el ejemplo de una viuda que se presentaba todos los días ante un juez injusto para que éste le hiciera justicia respecto de un adversario. En la parábola, fue tanta la insistencia de la mujer viuda que el juez injusto terminó por hacerle justicia. De esta manera, Jesús hizo hincapié en que si aquel juez —que era injusto— se compadeció de la pobre viuda, cuánto más nuestro Dios se compadecerá de nosotros si clamamos a Él día y noche (Lucas 18.1-7).

C. La oración mueve el poder de Dios

En la Biblia encontramos varios ejemplos de hombres y mujeres que, en un tiempo crucial de sus vidas oraron fervientemente y Dios contestó sus oraciones. Veamos algunos:

1. Ana. Esta mujer oró y lloró ante Dios, presentando su necesidad y Dios le respondió. Ella quería un hijo y, aunque era estéril, Dios se lo concedió (1 Samuel 1.10).
2. Elías. Él fue un gran profeta de Dios que oró fervientemente para que no lloviera y no llovió por tres años y medio. Después volvió a orar y nuevamente llovió (Santiago 5.17-18).
3. Ezequías. Este rey estaba siendo amenazado por los ejércitos de Asiria, pero oró y Dios le dio la victoria (2 Reyes 19.14; 35–37; 20.1–6).

Estos y otros ejemplos bíblicos nos enseñan que cuando los hijos de Dios oran con intensidad y con fe, Dios responde con poder y cambia las cosas. Dios contesta peticiones sanando enfermos, libertando cautivos y mucho más. ¡Aleluya!

V. CONSEJOS PRÁCTICOS PARA ORAR

A. Esfuérzate al momento de orar

En la Biblia encontramos un incidente donde Jesús realmente necesitaba que sus discípulos le acompañaran a orar pues ya su hora estaba cercana —la hora de su crucifixión— y Jesús los invitó a ir con Él pero parece ser que ellos no tenían las suficientes fuerzas para orar. El texto dice: *"Vino luego y los halló durmiendo; y dijo a Pedro: Simón, ¿duermes? ¿No has podido velar una hora?"* (Marcos 14.37) Este caso nos muestra que algunas veces, ya sea por cansancio o por alguna otra cosa, pasar un tiempo prolongado de oración se nos torna difícil y en algunas ocasiones, como sucedió con los discípulos de Jesús, la persona hasta puede quedarse dormida.

B. Ten un plan de oración

Aunque hay muchos escritores cristianos que han trabajado sobre este tema y presentado muchos consejos respecto al mismo, la mayoría de estos consejos son bastante similares. Sin embargo, un libro muy bueno sobre la oración es "Compañeros de oración" del pastor y conferencista John Maxwell. Éste contiene varios consejos prácticos para llevar a cabo la oración, así como para tener un buen devocional diario. Maxwell emplea diez elementos prácticos a la hora de tener este tiempo especial con Dios, los cuales describiremos a continuación[31].

1. Tiempo de preparación. Según Maxwell, para poder tener un buen devocional uno necesita prepararse al principio, física, mental y emocionalmente. Debes buscar un lugar cómodo donde no te distraigas. Maxwell aconseja además llevar contigo cualquier recurso que puedas necesitar, por lo general una Biblia, una libreta de notas, una pluma y un himnario, si es posible. Una vez establecido el lugar físico, hay que prepararse mental, emocional y espiritualmente concentrándose en Dios y sin que haya distracciones.

2. Tiempo de espera. El autor enfatiza que Dios honra a los que esperan en Él, por lo tanto y después de hablarle a Dios, tienes que guardar silencio y esperar en Él. Al esperar en Dios ocurren tres cosas: primero, permites que Él te ame, segundo, permites que Él te busque y tercero, permites que Él te muestre.

---

[31] John Maxwell, *Compañeros de oración* (Nashville, TN-Miami FL: Editorial Caribe-Betania, 1998), 44-59.

3. Tiempo de confesión. En este tiempo, debes confesar tus pecados delante de Dios. El pecado inconfeso bloquea las respuestas a las oraciones.

4. Tiempo para la Biblia. Aquí empleas una Escritura y oras sobre ella, es decir, aplicas lo que está escrito a tu propia vida mientras oras. Es importante pasar un tiempo orando sobre las Escrituras y convertirlo en parte del devocional regular.

5. Tiempo de meditación. Una vez que has orado sobre la palabra de Dios, debes dedicar un tiempo a meditar en ella. Esto quiere decir pensar en ella con el deseo de descubrir su verdad y aplicarla a tu vida.

6. Tiempo de intercesión. La intercesión es orar por otros y es una parte importante de un buen periodo devocional diario.

7. Tiempo de petición. Es en este tiempo donde por lo general se hacen las peticiones a Dios en diversas áreas.

8. Tiempo de aplicación. El autor hacer referencia a la obediencia que debe llevar a cabo el que ora al recibir las instrucciones de Dios.

9. Tiempo de fe. Agrega el autor que, en este espacio, tienes que lanzarte a orar en fe por las diversas situaciones; además de mirar aquello que todavía no se ve o aún no tienes como si ya lo tuvieses.

10. Tiempo de alabanza y acción de gracias. Por último, el que ora debe concluir alabando a Dios y dándole gracias por todo lo que Él ha hecho o va a hacer, sin mezclar una cosa con la otra.

C. Quita todo estorbo

Hay muchos estorbos para que nuestra oración suba a la presencia del Señor, y éstos deben evitarse o eliminarse. Por ejemplo, la Biblia dice que el esposo debe vivir sabiamente con su esposa, para que la oración de él no tenga estorbo (1 Pedro 3.7). Con esto en mente podemos decir que antes de orar, el esposo debe asegurarse de estar bien con su esposa. Otro asunto a considerar es el pecado. Si una persona está orando a Dios por un milagro o una necesidad, pero su vida está sumergida en el pecado, lo más probable es que esa oración sea estorbada.

CONCLUSIÓN

Aunque los consejos antes dados son prácticos y buenos tú también puedes desarrollar tus propias formas de orar, con las cuales te sientas más cómodo y mejor estimulado para buscar a Dios. Por ejemplo, hay quienes gustan de orar con música instrumental o de adoración de fondo. Si esto te ayuda para que ores mejor, hazlo; pues aquí lo importante es que ores. La oración te va a mantener conectado a Dios y siempre vivo espiritualmente; por lo tanto, practícala cotidianamente. Concluimos este capítulo estimulándote y animándote a orar y no desmayar; a orar en todo tiempo y no sólo en los días de necesidad. Como hijo de Dios, debes hacer de la oración un hábito; motivándote y esforzándote hasta lograrlo. Un cristiano de rodillas siempre será más poderoso que un guerrero de pie.

Capítulo 8

EL AYUNO

"Cuando ayunéis, no seáis austeros, como los hipócritas; porque ellos demudan sus rostros para mostrar a los hombres que ayunan; de cierto os digo que ya tienen su recompensa. Pero tú, cuando ayunes, unge tu cabeza y lava tu rostro, para no mostrar a los hombres que ayunas, sino a tu Padre que está en secreto; y tu Padre que ve en lo secreto te recompensará en público."
(Mateo 6.16-18)

————〰〰〰————

INTRODUCCIÓN

El ayuno es otra de las disciplinas espirituales que las Escrituras establecen que se debe practicar como parte de la vida devocional del cristiano. En este capítulo enseñaremos el significado del ayuno, el porqué del mismo y el propósito con que se debe practicar. También ofreceremos algunos consejos prácticos para poder realizarlo con efectividad.

I. DEFINICIÓN

El ayuno espiritual consiste en la abstinencia de alimentos con el fin de buscar a Dios. No es una huelga de hambre, cuyo fin es conseguir algo mediante la presión social. Tampoco es algo con fines dietéticos o salutíferos, es decir mejorar la salud física. De hecho, el Diccionario Bíblico define ayunar como "abstenerse de comer a fin de conocer la mente de Dios."[32] Basados en esta definición, diremos entonces que el ayuno bíblico siempre se centra en propósitos espirituales. Richard Foster dice sobre esto: "En toda la Biblia, el ayuno se refiere a la abstención del alimento con propósitos espirituales." Después Foster agrega un dato importante: "Se distingue de la huelga de hambre, cuyo propósito es el de lograr el poder político o el de atraer la atención hacia una buena causa." Y él resalta otro factor importante que es muy común en este tiempo: "El ayuno se distingue de la dieta para la salud, que se enfoca en la abstinencia de alimentos pero con propósitos físicos y no espirituales."[33]

Algunas personas pueden conceptuar el ayuno como una varita mágica para hacer que Dios haga algo, sin embargo, jamás podremos obligar a Dios a hacer algo que Él no quiere por medio de nuestro ayuno. Tampoco le moveremos a respondernos porque le damos lástima al estar aguantando hambre. El ayuno nos ayuda a ser disciplinados en lo espiritual y a tener control de nuestro hombre interior, como veremos más adelante. El ayuno nos ayuda a acercarnos a Dios y por lo tanto debe estar centrado totalmente en Él.

II. TIPOS DE AYUNO

Cuando estudiamos el tema del ayuno, podemos darnos cuenta de que en la Biblia éste se practicó de diferentes formas. El Diccionario Bíblico clasifica el ayuno bíblico en tres categorías: el ayuno normal, el ayuno total y el ayuno parcial[34]. Describiremos cada uno a continuación.

---

32 Trent Butler, *Diccionario Bíblico Conciso Holman* (Nashville, TN: Broadman & Holman Publishers, 2001), 70.

33 Richard Foster, *Alabanza a la disciplina* (Miami FL: Editorial Betania, 1986), 61.

34 Trent Butler, *Diccionario Bíblico Conciso Holman* (Nashville, TN: Broadman & Holman Publishers, 2001), 70.

A. El ayuno normal

Es abstenerse de toda forma de comida, pero no de agua. Encontramos la primera mención de este tipo de ayuno en Lucas 4.2, cuando Jesús fue al desierto: *"...Y no comió nada en aquellos días, pasados los cuales tuvo hambre."*

B. El ayuno total

Este consiste en abstenerse tanto de comida como de bebida. Por lo general este tipo de ayuno no dura más de tres días (Esdras 10.6; Ester 4.16; Hechos 9.9).

C. El ayuno parcial

Es una dieta alimenticia que no llega a la abstinencia completa de alimentos. Leamos las palabras de Daniel el profeta acerca de este tipo de ayuno: *"No comí manjar delicado, ni entró en mi boca carne ni vino, ni me ungí con ungüento; hasta que se cumplieron las tres semanas."* (Daniel 10.3)

Estos tres son los ayunos tradicionales que podemos encontrar en la Biblia y que, por lo general, fueron practicados por aquellos que servían a Dios. Sin embargo, no hemos mencionado aquí el ayuno que hizo Moisés al estar 40 días y 40 noches delante del Señor, cuando recibió las tablas de la ley. La Biblia dice que Moisés no comió pan ni bebió agua durante esos días (Éxodo 34.28).

III. LOS PROPÓSITOS DE AYUNAR

El primer propósito del ayuno debe ser centrarse en Dios. Foster dice que el ayuno "tiene que centrarse perdurablemente en Dios; tiene que ser iniciado por Dios y ordenado por Él."[35] Foster también hace referencia a Zacarías, cuando Dios pregunta a su pueblo si ha ayunado para Él (Zacarías 7.5) subrayando el hecho de que si no lo hacemos

---

[35] Richard Foster, *Alabanza a la disciplina* (Miami FL: Editorial Betania, 1986), 67.

Roberto Tinoco

para Dios, hemos fracasado[36]. Lo anterior, sin embargo, no establece que en el ayuno se considere incorrecto tener propósitos secundarios.

Foster señala que, a diferencia de otras disciplinas, el ayuno pone de manifiesto las cosas que nos dominan[37]. El objeto del ayuno es el de afligir el alma, según Salmos 35.13; y el de humillarnos ante Dios, según 1° Samuel 7.6. El verdadero ayuno no se limita a una práctica exterior solamente, sino al abandono del mal y de los placeres prohibidos. Isaías 58 nos dice algo tremendo sobre el ayuno verdadero. En este pasaje se explica con claridad que el ayuno no es para buscar nuestros gustos o beneficios, sino para agradar a Dios. Si hacemos un recorrido por la Biblia tocante a este tema, podemos encontrar algunas motivaciones bien definidas en aquellas personas que, en un momento crítico de sus vidas, recurrieron al ayuno como una estrategia para tocar el corazón de Dios y para suplicar Su ayuda, protección y dirección. Veamos algunos casos:

El siervo de Abraham ayunó mientras buscaba la esposa correcta para Isaac (Génesis 24.33). Moisés ayunó 40 días con sus noches mientras recibía las revelaciones de la Ley y el Tabernáculo (Éxodo 34). Ana ayunó por un niño y Dios se lo concedió (1 Samuel 1.7-8). Los habitantes de Nínive ayunaron en arrepentimiento como respuesta al mensaje de Dios que oyeron de labios del profeta Jonás (Jonás 3.1-5). Josafat y los suyos ayunaron ante una amenaza de calamidad nacional y guerra contra un ejército enemigo y Dios les dio la victoria (2 Crónicas 20.1-3). Nehemías ayunó por la restauración de Jerusalén y ésta se llevó a cabo con éxito (Nehemías 1.4). Daniel ayunó durante 21 días y en respuesta recibió la revelación de Dios que después marcó el fin de la cautividad de los judíos. Ester puso a todo el pueblo judío a ayunar, antes de ella presentarse al rey Asuero sin aviso previo, lo cual pudo costarle la vida (Ester 4.16). Jesús ayunó antes de entrar en Su ministerio y escoger a los doce Apóstoles (Mateo

---

[36] Foster, 68.
[37] Foster, 68.

4). Los Apóstoles ayunaron antes de la importante tarea de escoger hombres para el ministerio apostólico (Hechos 13.2-3). Y Pablo hizo muchos ayunos por la obra de Dios, con resultados más que dicientes (2 Corintios 11.27).

Con lo antes mencionado, la obvia conclusión es que tú necesitas ayunar al enfrentarte a situaciones difíciles o peligrosas, al procurar dirección de Dios en determinada decisión o sencillamente para buscar más de Él y su presencia.

IV. BENEFICIOS DEL AYUNO

A. Beneficios espirituales

El ayuno hace que nuestra espiritualidad crezca porque cuando no comemos sujetamos mejor nuestra carne. El ayuno debe ser una práctica cristiana normal lo que quiere decir que cada cristiano debería ayunar cuando menos una vez a la semana, pues haciéndolo así, tendrá su carne siempre en sujeción. Algunos beneficios espirituales del ayuno son:

1. Nos mantiene en la presencia de Dios (1 Reyes 17.1).
2. Humilla nuestra alma ante el Señor (2 Samuel 12.16).
3. Pone en orden nuestras prioridades. Al ayunar le estamos diciendo a Dios que Él es lo más importante para nosotros (Salmos 35.13).
4. Nos enseña a depender de Dios (Ester 4.16).
5. Demostramos a Dios sinceridad (Isaías 58.9).
6. Nos enseña a controlar y disciplinar nuestra vida (2 Corintios 11.27,30).
7. Nos da poder espiritual (Lucas 4.14).

V. CONSEJOS PARA LA PRÁCTICA DEL AYUNO

A. Consejos prácticos

1. Comienza con un ayuno parcial de 24 horas, suspendiendo dos comidas. Aprovecha el tiempo que usarías en comer, para orar, adorar, dar gracias y meditar en la Palabra de Dios.

2. Ayuno normal: Después de practicar un ayuno parcial, estarás listo para un ayuno normal de 24 horas, donde sólo beberás agua en buenas cantidades.

3. Después de haber logrado varios ayunos con éxito espiritual —un sentido de mayor intimidad con Dios y de haberle servido— pasa a ayunos de mayor duración (36 horas, 48 horas y hasta tres días). Y cuando hayas aprendido a ayunar en esos períodos de tiempo, con gozo y fruto, será el momento de preguntarle a Dios si debes comenzar un ayuno más extenso por alguna causa en particular y qué duración deberá tener dicho ayuno. Deja a Dios ser Dios en tu vida.

4. Levántate temprano. Los ayunos por lo general se comienzan por la mañana temprano. Comienza con una oración de presentación en la que le dices a Dios por cuánto tiempo harás el ayuno. Durante tu ayuno, es recomendable que no trabajes y si debes trabajar, ten cuidado de no "romper" el ayuno por cualquier causa. En ese sentido, es recomendable que busques un día de la semana que sea favorable para ti y pases dicho día meditando en la palabra de Dios, orando, cantando. Así le tomarás un especial sabor a tu ayuno. Y cuando termines el ayuno, de la misma manera en que comenzaste, termina con una oración de entrega al Señor.

CONCLUSIÓN

Concluimos este capítulo mencionando que el ayuno es una herramienta muy buena para mantener a la carne en sujeción y además, un elemento indispensable para vivir consagrados a Dios. Es muy importante que, como creyente, practiques el ayuno periódicamente.

Capítulo 9

EL ESTUDIO Y LA LECTURA DE LA BIBLIA

"Toda la Escritura es inspirada por Dios, y útil para enseñar, para redargüir, para corregir, para instruir en justicia; a fin de que el hombre de Dios sea perfecto, enteramente preparado para toda buena obra."
(I Timoteo 3.16-17)

INTRODUCCIÓN

La Biblia no es solamente un libro, es la Palabra misma de Dios y tiene vida en sí misma (Hebreos 4.12). Dios nos ha dado la Biblia como una divina carta de amor. La Biblia es una de las formas especiales que Dios tiene para comunicarse con nosotros. Cuando leemos la Biblia, nuestro espíritu recibe aliento, nuestro ánimo es levantado. La Palabra de Dios nos da esperanza, a la vez que nos advierte de Sus planes y voluntad para con nuestra vida. La Biblia ocupa un lugar muy especial en la vida del cristiano. En este capítulo, analizaremos là importancia de la palabra de Dios en tu vida y cómo puedes formar el hábito de leerla cotidianamente.

I. CONSIDERACIONES BÁSICAS

La palabra biblia viene de la palabra griega *biblión* que quiere decir "libro breve" o colección de libros breves. Ese fue el nombre dado a la colección de escritos que la iglesia cristiana consideró divinamente inspirados el cual comenzó a utilizarse a fines del siglo IV d.C. En griego *ta biblia* era un neutro plural, pero al pasarse al latín se le atribuyó el género femenino, debido a su terminación en "a". De allí nuestra costumbre en castellano de referirnos a ella como "La Santa Biblia"[38]. También suele llamársele la Palabra de Dios o las Sagradas Escrituras, entre otros títulos que recibe.

A. El canon sagrado

La Biblia contiene 66 libros que forman el canon sagrado, es decir, los libros que la iglesia cristiana ha reconocido como inspirados por Dios. La palabra "canon" viene del texto hebreo *kaneth,* que significa carrizo o caña y se emplea siempre en sentido literal como caña de medir. De esta palabra semítica viene la palabra griega *kanon* que se traduce como regla o norma utilizada para juzgar las enseñanzas[39], en este caso las enseñanzas bíblicas. Aunque hay algunas versiones de la Biblia que han adicionado libros a su colección —por ejemplo, los libros "apócrifos" y los "deuterocanónicos"—. No obstante la Iglesia Cristiana sólo reconoce 66 libros como inspirados por Dios los cuales se encuentran en dos volúmenes llamados Antiguo Testamento y Nuevo Testamento, escritos antes y después de Cristo, respectivamente.

I. El Antiguo Testamento tiene 39 Libros distribuidos en cinco secciones, de esta manera: el Pentateuco, integrado

---

[38] WiltonMons Nelson, *Diccionario Ilustrado de la Biblia* (Nashville, TN-Miami, FL: Editorial Caribe, 1977), 320.
[39] WiltonMons Nelson, 374.

por: Génesis, Éxodo, Levítico, Números y Deuteronomio; 12 libros históricos que son: Josué, Jueces, Ruth, 1 y 2 de Samuel, 1 y 2 de Reyes, 1 y 2 de Crónicas, Esdras, Nehemías y Ester; cinco libros poéticos: Job, Salmos, Proverbios, Eclesiastés y Cantares; 17 libros proféticos clasificados en dos secciones; cinco profetas mayores, que son: Isaías, Jeremías, Lamentaciones, Ezequiel y Daniel y doce profetas menores, que son: Oseas, Joel, Amos, Abdías, Jonás, Miqueas, Nahúm, Habacuc, Sofonías, Hageo, Zacarías y Malaquías. Se les llama profetas "mayores" o "menores" debido al tamaño respectivo de sus escritos.

2. El Nuevo Testamento tiene 27 libros organizados en cinco secciones: cuatro libros biográficos: Mateo, Marcos, Lucas y Juan; un libro histórico: Hechos de los Apóstoles; 14 epístolas paulinas: Romanos, 1 y 2 a los Corintios, Gálatas, Efesios, Filipenses, Colosenses, 1 y 2 a los Tesalonicenses, 1 y 2 a Timoteo, Tito, Filemón y Hebreos; siete epístolas universales: Santiago, 1 y 2 de Pedro, 1, 2 y 3 de Juan, y Judas; y un libro profético: Apocalipsis.

B. Sub divisiones de capítulos y versículos

A su vez los libros de la Biblia están subdivididos en capítulos y versículos que facilitan la lectura y la búsqueda de textos. Originalmente, los textos bíblicos no tenían esta subdivisión, la cual fue hecha por el profesor Esteban Langton, de la universidad de París, en el siglo XIII. El Antiguo Testamento contiene 929 capítulos y 23.214 versículos. El Nuevo Testamento por su parte contiene 260 capítulos y 7.959 versículos. En total la Biblia tiene 1.189 capítulos y 31.173 versículos.

II. POR QUÉ LEER LA BIBLIA

Hay muchos poderosos motivos por los cuales debemos leer la Biblia. Algunos de ellos son:

Primero, la Biblia es la voz o mensaje de Dios para nuestra vida. Alicia Vargas dice: "La base, fundamento y razón por los cuales estudiamos la Biblia como creyentes es que esa colección canónica de libros es la palabra de Dios para nosotros." Y agrega: "A través de nuestra fe, como individuos o como iglesia creemos que la Biblia es la palabra de Dios para nosotros. Todo se deriva de nuestra fe. Sin fe sólo veríamos un libro que es una colección de otros."[40] La fe juega un papel importante cuando leemos y estudiamos la palabra de Dios. Es importante tener fe para poder creer todo lo que está escrito en la Biblia. Vargas también dice que "cuando leemos la Biblia, no estamos leyendo estrictamente un tratado histórico detallado; sino que estamos leyendo el recuento de la historia de la fe del pueblo de Israel en la historia de fe de las primeras comunidades cristianas".[41]

Segundo, por medio de la Biblia podemos conocer a Dios más íntimamente. La Biblia revela la naturaleza de Su Autor en sus múltiples facetas. Necesitamos obtener una vista panorámica del poder, la ira, el amor, la misericordia, la inteligencia, la sabiduría, la piedad y la grandeza de Dios.

Tercero, es importante que leamos la Biblia porque ella *"es útil para enseñar, para redargüir, para corregir, para instruir en Justicia."* (2 Timoteo 3.16) Por medio de la Biblia podemos recibir enseñanza e instrucción referente a los temas que nuestra alma necesita, pero también ser corregidos de nuestros errores y redargüidos de nuestros pecados. La Biblia nos prepara para vivir una vida justa delante de Dios y de los hombres.

Cuarto, debemos leerla porque esto es necesario para vivir. Jesús

---

[40]   Alicia Vargas, *Conozca su Biblia: Cómo estudiar la Biblia* (Minneapolis, MN: Ausburg Fortress, 2009), 11.

[41]   Vargas, *Conozca su Biblia: Cómo estudiar la Biblia* ,25.

dijo que no solo de pan viviría el hombre, sino de toda palabra que saliera de la boca de Dios (Mateo 4.4) y esa es la razón primordial de por qué debemos leer y estudiar la Biblia. Como hijo de Dios, tú necesitas alimentarte todos los días de su Palabra.

III. ALGUNAS CONSIDERACIONES AL ESTUDIAR LA BIBLIA

Para poder estudiar la Biblia y entenderla mejor, es necesario conocer algunas cosas de suma importancia.

A. Su procedencia

La Biblia fue escrita en un lenguaje y medio ambiente oriental, por eso contiene palabras, nombres, objetos y otras cosas de aquellas tierras. Es muy importante saber esto. Aunque en los últimos años se han publicado versiones de la Biblia con un lenguaje actualizado, más fácil de entender, la mayor parte de sus nombres y figuras, así como las costumbres de las tierras bíblicas, continúan intactos en el texto. Pongamos por ejemplo la costumbre oriental del pan, el vino y el aceite como alimentos cotidianos. Si la Biblia se hubiese escrito en México, por ejemplo, los alimentos que se mencionarían serían otros.

B. Los idiomas bíblicos

El otro asunto a considerar son los idiomas bíblicos. La Biblia fue escrita en idiomas muy diferentes a los nuestros y todo interesado en estudiarla debe estar al tanto de eso. El Antiguo Testamento fue escrito en hebreo y algunas pequeñas secciones en arameo. Por su parte, el Nuevo Testamento fue escrito en griego.

C. Sus recursos literarios

Algo que todo lector de las Escrituras debe saber es —como señala Vargas— que "la inmensa mayoría de los textos bíblicos que tenemos son más que textos escritos; son textos saturados de recursos literarios."[42] Luego agrega: "Hay muchas formas de literatura y la Biblia incluye muchas de ellas."[43]

A continuación, presentamos algunos ejemplos de géneros literarios que debemos manejar al estudiar la Biblia pues si no los conocemos, nunca podremos tener un entendimiento completo de las Escrituras. Incluso pudiéramos mal interpretarlas o descreer de lo que ellas dicen.

1. Hipérbole. Alicia Vargas afirma que "uno de los recursos literarios más utilizados en la Biblia es la hipérbole o exageración."[44] Y agrega que "cuando no estamos conscientes de que la Biblia utiliza la hipérbole como recurso literario para enfatizar su mensaje, tendemos o a tratar de leer literalmente la exageración o a descartar todo el mensaje bíblico por no poder creer tales exageraciones literalmente."[45] Obviamente que estas exageraciones de la palabra de Dios tienen la intención de darle fuerza al mensaje bíblico y nunca de dar un mensaje negativo o falso en lo que se está tratando de decir. Cuando el lector sabe que la Biblia está llena de hipérboles, no tiene problemas para comprender la grandeza de Dios expresada en su Palabra.

2. Metáfora, símil y simbolismo. Otros elementos utilizados frecuentemente en las Escrituras según Vargas, son la metáfora y el símil. "En la metáfora se hace una comparación implícita. Cuando la comparación se hace explícitamente se le llama símil. La metáfora y el símil añaden un significado conceptual a un mensaje que no se pudiera captar solamente

---

[42] Vargas, *Conozca su Biblia: Cómo estudiar la Biblia* ,25.

[43] Ibid. 27.

[44] Ibid. 29.

[45] Ibid. 31.

con palabras cuyo sentido sea estrictamente literal."[46] Por ejemplo, Vargas menciona el caso de Mateo 7.5, donde Jesús dice: "Hipócrita, saca primero la viga de tu propio ojo y entonces verás bien para sacar la paja del ojo de tu hermano." En este ejemplo claramente nos damos cuenta de que Jesús está utilizando la figura de la metáfora para referirse a la condición de los que juzgan a otras personas sin considerar primero sus propios defectos y errores. El simbolismo es también, como la metáfora y el símil, un recurso literario comparativo, y en la Biblia el significado del símbolo se deriva del contexto de la obra escrita. Por eso es frecuente que el simbolismo se explique en la misma narración[47].

3. Antropomorfismo o personificación. Antropomorfismo es el recurso literario que consiste en atribuir características humanas a aquello que no las tiene. Algo que la Biblia hace muy a menudo es atribuir características humanas a Dios. Muchas veces la Biblia personifica también a la naturaleza, atribuyéndole pasiones, sentimientos y actitudes humanas[48].

4. La antítesis. La antítesis es una figura que consiste en unir por medio de contraposición frases de significado contrario; por ejemplo: la vida y la muerte; lo bueno y lo malo; el camino ancho y el camino angosto; el cielo y el infierno, etc.

5. El proverbio. Un proverbio es mejor conocido como un dicho. La Biblia está llena de proverbios, a tal grado que hay un libro con el nombre Proverbios.

6. La parábola. Uno de los recursos literarios más especiales que usó Jesús en sus predicaciones y enseñanzas fue el de las parábolas. Una parábola es sencillamente un relato o cuento

---

[46] Ibid. 32.
[47] Ibid. 34.
[48] Ibid, 35.

de un hecho de la vida real, ocurrido o que podría ocurrir, con el fin de establecer una lección que se aplica a la vida.

7. Otros elementos por el estilo que debemos considerar son: símbolos, números, tipos y figuras; todos ellos usados en la Biblia para referirse a diferentes cosas. Por ejemplo, el Tabernáculo de reunión que erigió Moisés fue tipo y figura del proceso de acceso a la presencia de Dios en el Nuevo Testamento. El cordero pascual que se sacrificaba en el Antiguo Testamento era tipo y figura de Cristo, quien se presentó como el Cordero de Dios que quita el pecado del mundo. Se pueden analizar desde esta perspectiva la mayoría de los textos bíblicos, encontrándose en ellos simbolismos como los que acabamos de mencionar.

IV. SUGERENCIAS PARA LA LEER TODA LA BIBLIA

Una vez una hermana llamó a otra para comentarle que no lograba dormirse. La otra hermana le contestó: "Lee la Biblia. Cuando yo no puedo dormir, la leo e inmediatamente me da sueño." Esta anécdota revela lo que mucha gente piensa acerca de la Biblia: que es un libro anticuado, que no se puede entender, que no invita a leerlo, etc. Sin embargo, todo eso está muy alejado de la verdad. La Biblia se debe leer con un corazón hambriento de conocer la voluntad de Dios y con una mente abierta, a fin de poder entenderla.

A continuación algunas guías para leerla.

1. Coloca un marcador en tres lugares de la Biblia: Génesis, Job y Mateo. Leyendo un capítulo por día de cada uno de esas secciones, leerás una vez el Antiguo Testamento y dos veces el Nuevo en unos 18 meses.

2. Lee un capítulo de la Biblia por día, y habrás leído toda la Biblia en tres años y tres meses.

3. Lee tres capítulos de la Biblia de lunes a sábado y cinco capítulos los domingos, y podrás completar la lectura de la Biblia en menos de un año.
4. En enero y febrero lee desde Génesis a Deuteronomio. En marzo y abril lee todo el Nuevo Testamento. En mayo y junio, lee de Josué hasta Ester; en julio y agosto, desde Job hasta Cantares. En septiembre y octubre, lee otra vez todo el Nuevo Testamento; en noviembre y diciembre, desde Isaías hasta Malaquías.
5. Un plan de lecturas bíblicas semanales te dirá como leer en un año todo el Antiguo Testamento una vez y el Nuevo Testamento dos veces.

Estos son sólo ejemplos simples de planes de lectura, pero se pueden conseguir otros planes por Internet o por medio de aplicaciones para la Biblia. Por lo general éstas son gratuitas y te indican las lecturas que debes hacer cada día.

CONCLUSIÓN

Como pudimos aprender en este capítulo, el creyente debe formarse el hábito de leer y estudiar la Biblia todos los días, y no sólo cuando va a la iglesia. La lectura bíblica devocional y el estudio sistematizado te harán un mejor cristiano pero sobre todo, tendrás la voz de Dios hablándote periódicamente y eso, no tiene precio.

Capítulo 10

EL ASISTIR A LA CASA DE DIOS

"No dejando de congregarnos, como algunos tienen por costumbre, sino exhortándonos; y tanto más, cuanto veis que aquel día se acerca."
(Hebreos 10.25)

~~~~~~

INTRODUCCIÓN

Cuando Dios piensa en su Iglesia, la ve como un rebaño de ovejas que Él cuida cual un pastor amado. Dios reúne a sus hijos en su casa para alimentarlos, cuidarlos y sanarlos. Es una bendición tener la casa de Dios. Hebreos 10.25 nos habla de un problema que se estaba manifestando en la iglesia del primer siglo, el cual tenía que ver con la asistencia a las reuniones. El hijo de Dios sabe y reconoce que tiene que asistir a la iglesia, sin embargo a veces batalla para cumplir con este mandamiento. En este capítulo analizaremos algunos de los problemas que hoy día se experimentan en relación a la asistencia a la casa de Dios, y presentaremos algunas opciones o ideas para que el creyente asista con frecuencia a adorar a su Dios.

I. LA CRISIS DE ESTA GENERACIÓN

Uno de los problemas que tiene esta generación es que los avances tecnológicos han afectado negativamente a la gente que va a la iglesia. La sociedad avanza tecnológicamente, pero retrocede espiritualmente y eso se manifiesta también a la hora de asistir al templo.

A. Objeciones de los que no asisten a la Iglesia

Existen muchas personas que piensan que no es necesario ir a la iglesia para ser buenos cristianos. Algunas de las excusas más populares que estas personas presentan se detallan a continuación.

1. "Uno no necesita ir a la iglesia, pues Dios está en todas partes." Los proponentes de este argumento manifiestan que ellos pueden buscar a Dios en cualquier sitio, incluyendo su casa propia, puesto que Dios está en todas partes. Por supuesto, Dios sí está en todas partes pero, ¿por qué Él estableció el ir a su casa como un mandamiento? Entre otras razones, porque no hay comparación entre la experiencia que se puede tener en nuestra casa y la que se tiene en el templo, al participar de todo lo que allí se lleva a cabo.

2. "Ir mucho a la iglesia es para fanáticos." Otros piensan que ir a la iglesia con regularidad es señal de fanatismo y que éste no es bueno.

3. "Estoy muy ocupado y no tengo tiempo." El argumento de que se tiene una vida muy ocupada, por lo cual el ir a la casa de Dios queda relegado a "cuando tenga tiempo" es quizás la excusa más popular de la gente hoy día para no asistir al templo. Las personas dicen estar tan ocupadas en sus vidas que no les sobra tiempo para participar de las actividades que se realizan en el templo.

4. ¿Para qué ir a la iglesia, si puedo ver el culto por la televisión o Internet? Esta es la excusa del siglo que va de la mano con

lo que estamos viviendo hoy en día. Gracias a la tecnología actual, los cultos se pueden observar desde el computador, tableta o teléfono inteligente y las personas hasta pueden hacer sus donaciones de forma electrónica. Debemos preguntarnos si esto es correcto o no.

Estas y otras excusas por el estilo pueden servir para que la gente encuentre algo que decir al momento de preguntársele por qué no asiste a la iglesia. Sin embargo, el tema va más allá de lo que nos podemos imaginar. La verdad es que muchas veces la gente no asiste a la iglesia porque no conoce su significado y su importancia.

II. DEFINICIONES

Antes de continuar adelante con el desarrollo de este tema, es necesario que definamos algunas palabras que tienen estricta relación con el templo y con lo que allí se practica. Al hablar de la casa de Dios, debemos mencionar cuatro palabras que tienen estricta relación con ella: congregación, iglesia, templo y culto.

A. Congregación

La palabra congregación es la reunión de un grupo de personas que se juntan con un propósito determinado. El Diccionario Bíblico traduce "congregación" como "asamblea". Esta palabra se usa también como sinónimo de "cita", que significa: hora designada para reunirse, grupo de personas reunidas para la guerra, la sublevación o para un servicio religioso[49]. Congregación es una idea de Dios. El término comienza a usarse desde que Israel sale de Egipto: *"Partió luego de Elim toda la congregación de los hijos de Israel..."* (Éxodo 16.1) Durante la travesía del desierto, cada vez que Dios tenía que hablarle a su pueblo, los

---

[49] WiltonMons Nelson, *Diccionario Ilustrado de la Biblia* (Nashville, TN-Miami, FL: Editorial Caribe, 1977), 482.

congregaba en un lugar para hacerlo. Un ejemplo de esto es cuando Moisés les dio el Decálogo, en Sinaí (Éxodo 20).

B. Iglesia

El Diccionario Bíblico Conciso traduce la palabra iglesia de la siguiente manera: "Grupo de personas que profesan su fe en Jesucristo, se reúnen para adorarlo y procuran animar a otros a convertirse en seguidores de Cristo."[50] La palabra iglesia es una traducción del Nuevo Testamento de la palabra griega *ekklesia*, y frecuentemente se usa para designar cualquier asamblea o congregación de personas reunidas con fines religiosos o políticos. Esta palabra realmente significa "llamados fuera". Sperry afirma que en la Grecia antigua las ciudades se gobernaban por un sistema puramente democrático en que todos los ciudadanos del pueblo se reunían para decidir sobre los asuntos de interés mutuo. Como eran "llamados fuera" de sus ocupaciones ordinarias a una asamblea en la cual podían votar, la palabra llegó a significar el resultado de aquellas convocatorias.[51] Jesús estableció la Iglesia y ella le pertenece a Dios. *"Y yo también te digo, que tú eres Pedro, y sobre esta roca edificaré mi iglesia; y las puertas del Hades no prevalecerán contra ella."* (Mateo 16.18)

C. Templo

Aunque ahora nosotros somos el templo de Dios, también debemos entender que Dios ha apartado un lugar para que su pueblo se congregue y le alabe. Ese lugar se llama el templo o la casa de Dios. El Diccionario Bíblico Ilustrado explica que templo es "todo edificio destinado a un culto", agrega que templo es sinónimo de tabernáculo y

---

[50] Trent Butler, *Diccionario Bíblico Conciso Holman* (Nashville, TN: Broadman & Holman Publishers, 2001), 325-324.

[51] Lewis Sperry Chafer, *Teología Sistemática: La Iglesia, Seminario Reina Valera* http://www.seminarioabierto.com/doctrina235[Consultado el 10 de Noviembre de 2015].

que el término por lo general se aplica con mayor frecuencia al templo de Jerusalén con sus respectivas construcciones".[52] El Tabernáculo de reunión era el lugar que Dios había establecido para reunir al pueblo de Israel durante la travesía del desierto y desde donde Dios les hablaba (Éxodo 29.42). Después, bajo el reinado de Salomón, se construyó el primer templo para congregar a los hijos de Israel (I Reyes 6).

D. Culto

Cuando Israel se estableció como nación en la tierra prometida, Dios les dio mandamientos en los cuales les exigía asistir a su casa para adorarle y darle ofrendas: *"Y al lugar que Jehová vuestro Dios escogiere para poner en él su nombre, allí llevaréis todas las cosas que yo os mando: vuestros holocaustos, vuestros sacrificios, vuestros diezmos, las ofrendas elevadas de vuestras manos, y todo lo escogido de los votos que hubiereis prometido a Jehová."* (Deuteronomio 12.11)

Para un israelita, ir al templo tenía un significado muy especial, pues era el lugar que Dios había establecido para que presentaran sus ofrendas y se encontraran con Él. Esto causaba una gran alegría, como se puede apreciar en los siguientes pasajes bíblicos: *"Mas yo por la abundancia de tu misericordia entraré en tu casa; adoraré hacia tu santo templo en tu temor."* (Salmos 5.7) *"¡Cuán amables son tus moradas, oh Jehová de los ejércitos! Anhela mi alma y aun ardientemente desea los atrios de Jehová; mi corazón y mi carne cantan al Dios vivo."* (Salmos 84.1-2) *"Yo me alegré con los que me decían: A la casa de Jehová iremos."* (Salmos 122.1)

Por eso, la iglesia del primer siglo practicó muy bien el congregarse: *"Y todos los días, en el templo y por las casas, no cesaban de enseñar y predicar a Jesucristo."* (Hechos 5.42) Después, Dios manda a que nos congreguemos en un lugar designado para alabarle, en un día específico (Hebreos 10.25). Y aquí resurge nuestra pregunta: si la Iglesia fue establecida

---

[52] Samuel Vila y Santiago Escuain, *Nuevo Diccionario Bíblico Ilustrado Vila-Escuain* (Terassa, Barcelona: Editorial CLIE, 1985), 1124.

por Dios, si Él estableció el deber de congregarnos, ¿por qué la gente es tan renuente a hacerlo?

III. CONSIDERACIONES SOBRE LA CASA DE DIOS

Muchas veces la gente no asiste a la casa de Dios porque no entiende su significado, o dicho más sencillamente, no sabe las razones del porqué se debe asistir. Presta cuidado a las siguientes consideraciones.

A. La casa de Dios es un lugar donde Dios está presente

Lo primero que hay que considerar es que la casa de Dios es el lugar donde Él está presente. Veamos algunos ejemplos de esto.

1. En el Tabernáculo. Cuando Moisés terminó de construir el Tabernáculo, Dios lo llenó con su presencia y con su gloria, de tal manera que aquel lugar brillaba porque Dios estaba allí: *"Entonces una nube cubrió el tabernáculo de reunión, y la gloria de Jehová llenó el tabernáculo."* (Éxodo 40.34)
2. En el templo de Salomón. Cuando Salomón dedicó el templo, Dios lo llenó con su presencia y con su gloria, de tal forma que aquella gloria fue palpable. El texto dice que *"cuando Salomón acabó de orar, descendió fuego de los cielos, y consumió el holocausto y las víctimas; y la gloria de Jehová llenó la casa."* (2 Crónicas 7.1)
3. En el aposento alto. Cuando la primera iglesia se reunió en una casa para esperar la promesa que Jesús les había hecho, Dios llenó a los presentes con su Espíritu Santo (Hechos 2.2-4).

Por lo tanto, podemos afirmar que la casa de Dios —se trate del Tabernáculo de Israel, el templo de Salomón y sus posteriores generaciones, o una casa como sucedió con la iglesia primitiva— es un lugar que Dios destina para manifestarse cuando Su pueblo está allí congregado. Esta es una poderosa razón para que el creyente asista a la casa de Dios: ¡Él está en ese lugar!

B. La casa de Dios es el lugar de encuentro

El segundo elemento que hay que tomar en cuenta es que la casa de Dios se convierte en un lugar de encuentro cuando el creyente asiste ella con la expectativa de encontrarse con Dios. Consideremos la experiencia que tuvo Jacob. La Biblia dice que Jacob se acostó a dormir en el campo, en su camino a Harán. Allí tuvo un sueño en el cual vio una escalera que tenía su base en la Tierra y se apoyaba en el Cielo. En la parte superior de la escalera estaba Dios, quien le habló. Cuando Jacob despertó de su sueño, dijo: *"...Ciertamente Jehová está en este lugar, y yo no lo sabía. Y tuvo miedo, y dijo: ¡Cuán terrible es este lugar! No es otra cosa que casa de Dios, y puerta del cielo."* (Génesis 28.10-17)

C. La casa de Dios es el lugar del culto del pueblo de Dios

El otro elemento a considerar es que la casa de Dios es el lugar que Él ha escogido para que su pueblo le rinda tributo y le dé culto. Esas fueron precisamente las instrucciones que Dios le había dado a su pueblo Israel: *"Y al lugar que Jehová vuestro Dios escogiere para poner en él su nombre, allí llevaréis todas las cosas que yo os mando: vuestros holocaustos, vuestros sacrificios, vuestros diezmos, las ofrendas elevadas de vuestras manos, y todo lo escogido de los votos que hubiereis prometido a Jehová."* (Deuteronomio 12.11)

D. La casa de Dios es un lugar especial

Para aquellos que amamos estar en la casa de Dios, porque sabemos que Dios está allí, el Salmo 84 nos ofrece detalles muy importantes, verdaderas razones para desear asistir a un lugar tan especial como es la casa de Dios.

1. La casa de Dios es un lugar amable. El verso I comienza diciendo precisamente eso: *"¡Cuán amables son tus moradas, oh Jehová de los ejércitos!"* El salmista consideraba la casa de Dios como un lugar donde la amabilidad, el cariño y el amor se manifestaban abundantemente y eso es precisamente lo que sucede cuando alguien llega a la Iglesia, es acogido con alegría por la hermandad y esto le hace sentir muy bien.

2. La casa de Dios es un lugar anhelado. Los versos 2 y 3 muestran un apego del salmista a la casa de Dios. Él dice: *"Anhela mi alma y aun ardientemente desea los atrios de Jehová...aún el gorrión halla casa, y la golondrina nido para sí, donde ponga sus polluelos; cerca de tus altares, oh Jehová de los ejércitos..."* ¡Qué hermosa escena la de este hombre conectado con la casa de Dios a tal grado de querer estar siempre allí! En otra ocasión David preguntó a Dios: *"¿Cuándo vendré y me presentaré delante de ti?"* (Salmos 42.2), reflejando con fuerza ese anhelo.

3. La casa de Dios es un lugar para adorarle. Sigue diciendo el rey David: *"Bienaventurados los que habitan en tu casa; perpetuamente te alabarán."* (Salmos 84.4) Este verso determina el porqué de la casa de Dios, el porqué todo creyente debe visitar la casa de Dios. Allí es donde se alaba a Dios, allí es donde se adora al Señor y allí es donde Él espera a sus hijos para tener un encuentro personal con cada uno de ellos.

4. La casa de Dios es el mejor lugar. Por último, el salmista revela las características de la casa de Dios en contraste con los demás sitios de la Tierra. David dice en el verso 10: *"Porque mejor es un día en tus atrios que mil fuera de ellos. Escogería antes estar a la puerta de la casa de mi Dios, que habitar en las moradas de maldad."* La preferencia del hijo de Dios por la casa de Dios está por encima de cualquier otro lugar, porque ningún otro se parece a la casa de Dios. La casa de Dios debe ser el lugar que tú siempre escojas.

IV. ¿POR QUÉ NOS TENEMOS QUE CONGREGAR?

Hay por lo menos cinco razones fundamentales del porqué debemos congregarnos.

1. Es un mandato de Dios. Desde el Antiguo Testamento, Dios siempre ha tenido su congregación: *"...el lugar que Jehová vuestro Dios escogiere de entre todas vuestras tribus, para poner allí su nombre para su habitación, ése buscaréis, y allá iréis."* (Deuteronomio 12.5) En el Nuevo Testamento la congregación de Dios es la Iglesia. La iglesia primitiva practicó el mismo principio que Israel: *"Y perseverando unánimes cada día en el templo, y partiendo el pan en las casas, comían juntos con alegría y sencillez de corazón, alabando a Dios, y teniendo favor con todo el pueblo. Y el Señor añadía cada día a la iglesia los que habían de ser salvos."* (Hechos 2.46-47)

2. Para que seamos Iglesia. Uno no puede ser Iglesia solo. Se necesitan dos o más personas para que Cristo los vea como congregación y para que Él se haga presente: *"Porque donde están dos o tres congregados en mi nombre, allí estoy yo en medio de ellos."* (Mateo 18.20)

3. Para convivir con los demás. El deseo de Dios para su iglesia es que viva en comunidad. Es por eso que la Iglesia en varias ocasiones es llamada la familia de Dios (Efesios 2.19). Además, de acuerdo con la Biblia hay grandes beneficios en reunirse. Hebreos 10.24-25 dice: *"Y considerémonos unos a otros para estimularnos al amor y a las buenas obras; no dejando de congregarnos, como algunos tienen por costumbre, sino exhortándonos; y tanto más, cuanto veis que aquel día se acerca."* Aquí se mencionan tres grandes beneficios. Primero: aumenta el amor de unos por otros, segundo: aumentan las buenas obras y tercero: unos a otros se motivan y animan.

4. Para que la presencia de Dios se manifieste. Aunque Dios vive en la vida de cada hijo suyo, cuando se trata de la

congregación, Dios la visita de una manera distinta. Por eso se necesita estar congregado: *"Porque donde están dos o tres congregados en mi nombre, allí estoy yo en medio de ellos."* (Mateo 18.20)

5. Para que Dios nos bendiga y dé vida eterna. Quizás uno de los mensajes que más poderosamente promueven la comunidad espiritual son las palabras dichas por David: *"¡Mirad cuán bueno y cuán delicioso es habitar los hermanos juntos en armonía! . . . porque allí envía Jehová bendición, y vida eterna."* (Salmos 133.1,3)

V. LOS BENEFICIOS DE ASISTIR A LA IGLESIA

Aparte de todo lo anterior, asistir a la iglesia produce muchos beneficios personales. Veamos algunos:

1. Se vive más tiempo. En EE.UU. las mujeres que asisten a la iglesia más de una vez a la semana viven más tiempo que aquellas que no lo hacen, según un nuevo estudio realizado por investigadores de la escuela de graduados de salud pública de la Universidad de Harvard. De acuerdo a los investigadores que analizaron los datos de más de 74.000 mujeres mayores de 16 años y encontraron que, aquellas que asistieron a la iglesia más de una vez a la semana eran 33 por ciento menos propensas a morir en ese momento que quienes nunca iban a la iglesia.[53] Este dato es interesante y preciso pues la experiencia que se vive en la Iglesia ayuda a liberar el estrés y a combatir enfermedades que le restan años de vida a la persona.

2. Se vive más sano. Acudir a la Iglesia ayuda a la salud mental y a disminuir los síntomas de la depresión más que otras actividades tales como hacer deporte, pertenecer a un club o

---

[53] Noticiacristiana.com, bajo el título "ir a la iglesia ayuda a vivir más tiempo", http://www.noticiacristiana.com/ciencia_tecnologia/estudios/2016/05/ir-iglesia-vivir-mas-tiempo-harvard.html[Consultado el 19 de abril de 2017].

realizar trabajo voluntario. Así lo revela un estudio elaborado por el *Erasmus MC y el London School of Economics and Political Science*. El informe pone de manifiesto que "la participación en actividades religiosas es la única forma de compromiso social que se relaciona con una disminución en los síntomas de depresión cuatro años después."[54]

3. Nuestra fe se fortalece. Este es quizás el beneficio primordial de ir a la iglesia periódicamente. Cuando el creyente se congrega para alabar a Dios y escuchar la palabra de Dios, su fe es alimentada. La Biblia dice: *"La fe es por el oír y el oír de la palabra de Dios."* (Romanos 10.17)

4. Convivimos con la gente. La Iglesia se compone de muchas personas y los creyentes que se congregan tienen la oportunidad de conocer a toda esa gente y socializar con ellos. Es por medio de esta convivencia que las personas encuentran apoyo y comprensión cuando más los necesitan. Es por medio de la convivencia que las personas conocen, por ejemplo, a la persona con la cual se han de casar. En definitiva, los beneficios de la convivencia son muchísimos y muy grandes.

5. Participamos de la comunión. Los hermanos de la iglesia primitiva disfrutaban del estar juntos: *"Todos los que habían creído estaban juntos y tenían en común todas las cosas."* (Hechos 2.44)

6. Hay ayuda mutua. A los miembros de la iglesia se les enseña a dar el uno al otro y asegurarse de que se suplan las necesidades de todos los miembros: *"No había necesitados entre ellos . . ."* (Hechos 2.45)

---

[54] El Confidencial, bajo el título "los beneficios de ir a la iglesia", http://www.elconfidencial.com/alma-corazon-vida/2015-08-17/que-hacer-depresion-iglesia-deporte_969595/[Consultado el 19 de Abril de 2017].

VI. NUESTRA ACTITUD HACIA LA CASA DE DIOS

1. Debemos amar la casa de Dios. *"Una cosa he demandado a Jehová, ésta buscaré; que esté yo en la casa de Jehová todos los días de mi vida, para contemplar la hermosura de Jehová, y para inquirir en su templo."* (Salmos 27.4)

2. Debemos ir a la casa de Dios con acción de gracias y alabanza. *"Entrad por sus puertas con acción de gracias, por sus atrios con alabanza; alabadle, bendecid su nombre."* (Salmos 100.4)

3. Debemos correr a la casa de Dios en el tiempo de nuestras angustias. *"Porque él me esconderá en su tabernáculo en el día del mal; me ocultará en lo reservado de su morada; sobre una roca me pondrá en alto."* (Salmos 27.5)

4. Debemos respetar la casa de Dios. *"Cuando fueres a la casa de Dios, guarda tu pie; y acércate más para oír que para ofrecer el sacrificio de los necios; porque no saben que hacen mal."* (Eclesiastés 5.1) Recordemos lo que hizo Jesús cuando echó fuera a los vendedores de palomas y a los cambistas: *"Y entró Jesús en el templo de Dios, y echó fuera a todos los que vendían y compraban en el templo, y volcó las mesas de los cambistas, y las sillas de los que vendían palomas; y les dijo: Escrito está: Mi casa, casa de oración será llamada; mas vosotros la habéis hecho cueva de ladrones."* (Mateo 21.12-13)

5. El deber de asistir a la Iglesia. Como pueblo de Dios, tenemos que obedecer la voluntad de Dios y lo que dice su Palabra referente a la asistencia a la Iglesia: *"No dejando de congregarnos, como algunos tienen por costumbre, sino exhortándonos; y tanto más, cuanto veis que aquel día se acerca."* (Hebreos 10.25) Este verso nos dice primero que no debemos dejar de congregarnos; y segundo, que el no hacerlo es una mala costumbre que algunos tienen.

CONCLUSION

Concluimos este capítulo diciendo que el asistir a la casa de Dios debe ser una prioridad en tu vida cristiana por todo lo antes mencionado, por el hecho de que tu fe es fortalecida al hacerlo, porque te mantendrás unido al Señor y sobre todo protegido y bendecido por Él. Establece en tu vida la buena costumbre de no perderte ningún servicio o evento que tu iglesia local lleva a cabo pues todos ellos están pensados para ayudarte a mejorar en tu vida cristiana y para ensanchar el reino de Dios.

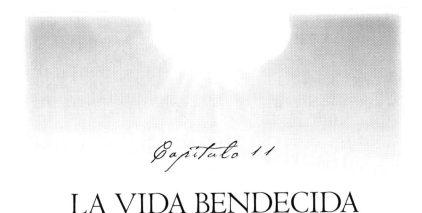

Capítulo 11

LA VIDA BENDECIDA

"Y haré de ti una nación grande, y te bendeciré, y engrandeceré tu nombre,
y serás bendición. Bendeciré a los que te bendijeren, y a los que te maldijeren
maldeciré; y serán benditas en ti todas las familias de la tierra."
(Génesis 12.2-3)

INTRODUCCIÓN

Cuando el creyente entrega su vida a Dios y comienza la carrera cristiana, uno de los beneficios que recibe es la bendición de Dios. Todos queremos que Dios nos bendiga. Lo manifestamos en nuestras oraciones diarias y no hay nada de malo en ello, pero ¿es realmente importante la bendición de Dios? ¿Por qué lo es? ¿Cuál es el propósito de la bendición de Dios en nuestra vida? En este capítulo aprenderemos qué es la bendición de Dios, en qué consiste, qué significa para nosotros y sobre todo, cómo podemos alcanzarla.

I. ENTENDIENDO LA BENDICIÓN DE DIOS

El cristiano vive una vida bendecida cuando camina con Cristo. Quizás esta sea la señal más grande de que Dios va caminando con nosotros: que somos personas bendecidas. Pero, antes de proseguir con este tema tan apasionante, conviene que aclaremos algo. Hay quienes malinterpretan el concepto "bendición de Dios" y fabrican doctrinas erróneas alrededor del mismo. Para algunos, bendición de Dios significa enriquecerse, vivir una vida de lujos y excesos y si alguien no tiene estas cosas, es porque algo anda mal con él. Otros se van al extremo opuesto, creyendo que lo correcto es vivir en la miseria o pobreza. Pero bendición de Dios no es ni lo uno ni lo otro, necesariamente. Bendición de Dios en realidad significa vivir la vida conformes y satisfechos con lo que Dios nos da.

A. Una correcta interpretación de la bendición de Dios

Muchas veces mal interpretamos lo que significa bendición de Dios y asumimos conceptos o posturas equivocadas respecto a este particular. Por ejemplo, nosotros asociamos la bendición de Dios con tener dinero, no tener dificultades y sobre todo ser personas exitosas en los negocios, en las relaciones y en fin, vivir una vida sin problemas y sin complicaciones. No podemos negar que eso pueda significar estar bendecido, sin embargo esa postura no siempre es correcta. En la Biblia vemos a personas bendecidas que sufren, padecen enfermedades y muchas veces no tienen dinero para subsistir y sin embargo son personas bendecidas. Entonces, alguien puede preguntarse, ¿dónde está la bendición de Dios ahí? Bueno, consideremos los siguientes puntos.

B. La bendición de Dios es tenerlo a Él con nosotros

La bendición debe entenderse más bien como el acompañamiento que hace Dios para que, en medio de las tormentas, el barco de nuestra vida llegue a puerto seguro. Es la seguridad de que, aunque la senda sea difícil y esté llena de obstáculos, aquel que ama a Dios y cumple sus mandatos tendrá un buen final en todo lo que emprenda (Salmo 1).

C. Dios nos bendice de muchas maneras

1. Dios nos envía su bendición del Cielo: *"Toda buena dádiva y todo don perfecto desciende de lo alto, del Padre de las luces, en el cual no hay mudanza, ni sombra de variación."* (Santiago 1.17)

2. Dios da la bendición económica: *"Cuando Jehová te haya introducido en la tierra que juró a tus padres, Abraham, Isaac, Jacob...ciudades que tú no edificaste, casas llenas que tú no llenaste, cisternas cavadas que tú no cavaste, viñas y olivares que tú no plantaste..."* (Deuteronomio 6.10-11) Es Dios el que da la bendición y la prosperidad, Él es quien abre camino para que aumente nuestra bendición. Dios también dijo a Israel: *"...y te amará, y te bendecirá, y te multiplicará; y bendecirá el fruto de tu vientre y el fruto de tu tierra."* (Deuteronomio 7.13)

3. Dios da la multiplicación. Él dijo a Israel: *"Serás un pueblo grande que no se podrá contar."* Y por eso bendijo el fruto de los vientres de las mujeres de Israel: *"Bendito serás más que todos los pueblos; no habrá en ti varón, ni hembra estéril, ni en tus ganados."* (Deuteronomio 7.14) Las matriarcas de Israel eran estériles, pero Dios se glorificó en ellas. Sara fue estéril, pero Dios le dio a Isaac. Raquel fue estéril, pero Dios le dio a José. Ana no podía dar a luz, pero Dios le dio a Samuel. La mujer de Manoa fue estéril, pero Dios le dio a Sansón.

4. Dios da la sanidad: *"Y quitará Jehová de ti toda enfermedad; y todas las malas plagas de Egipto que tú conoces, no las pondrá sobre ti..."* (Deuteronomio 7.15) Los hijos de Dios tenemos que apoderarnos de esta Palabra y hacerla nuestra. Cuando estés enfermo, tienes que creer esto y decirte: "Yo no me puedo enfermar." Isaías dice: *"Ciertamente llevó él nuestras enfermedades, y sufrió nuestros dolores..."* (Isaías 53.4a) Dios te libra de que pagues todo ese dinero a los doctores. Muchas personas no pueden entender esto, pero la bendición, la prosperidad y la salud vienen de Dios. Él no permite que te enfermes, y

cuando sucede, es porque quiere tratar contigo. Quizás sólo quiere que ores más.

D. Breve registro de la bendición de Dios

1. Dios bendijo a Abraham: *"Y haré de ti una nación grande, y te bendeciré, y engrandeceré tu nombre, y serás bendición."* (Génesis 12.2)

2. Dios bendijo a Isaac: *"Y se le apareció Jehová aquella noche, y le dijo: Yo soy el Dios de Abraham tu padre; no temas, porque yo estoy contigo, y te bendeciré, y multiplicaré tu descendencia por amor de Abraham mi siervo."* (Génesis 26.24)

3. Dios bendijo a Jacob: *"Yo soy Jehová, el Dios de Abraham tu padre, y el Dios de Isaac; la tierra en que estás acostado te la daré a ti y a tu descendencia."* (Génesis 28.13)

4. Dios nos bendice a nosotros también. La bendición no sólo es para Israel, sino también para nosotros: *"Bendito sea el Dios y Padre de nuestro Señor Jesucristo, que nos bendijo con toda bendición espiritual en los lugares celestiales en Cristo."* (Efesios 1.3)

II. EL PROPÓSITO DE LAS BENDICIONES DE DIOS

Cuando hablamos de la bendición de Dios, surge muchas veces la pregunta, ¿Cuál es el motivo o propósito de la bendición de Dios? ¿Acaso Dios nos bendice para que nos llenemos los bolsillos, solamente? A continuación, veremos el propósito o lo que podría llamarse "las leyes de las bendiciones de Dios para nuestra vida".

A. Dios nos bendice para ser bendición

La Biblia nos enseña que, cuando somos bendecidos, no es sólo para que nos sintamos bien, felices y cómodos sino también para que bendigamos a otros. Cuando Dios bendijo a Abraham, en Génesis 12, le dijo: *"Te bendeciré y serás bendición a otros."* Esta es la primera ley de la bendición: la bendición debe fluir. El hijo de Dios debe servir como un canal de bendición para las demás personas. De hecho es por medio del cristiano que Dios quiere y ha de bendecir a otros en este mundo. Abraham fue bendecido y toda la humanidad alcanzó esa bendición. Con esto en mente, la Biblia enseña que el hijo de Dios debe ser dadivoso (I Timoteo 6.18) y compartir con aquellos que padecen necesidad (Efesios 4.28).

B. Cuando bendecimos a otros, Dios se encarga de nuestras necesidades

Dios se encargará de nuestras necesidades. No hay nada que Dios no haga a favor de aquel que ayuda a otros. De hecho, Dios garantiza esta bendición, ya que nada de lo que hagamos por su reino quedará sin su recompensa. Hay un pasaje bíblico muy hermoso que dice: *"A Jehová presta el que da al pobre, y el bien que ha hecho, se lo volverá a pagar."* (Proverbios 19.17) Y tenemos las palabras de Jesús, dirigidas a recompensar aun la más mínima acción, cuando dijo que ni siquiera un vaso de agua servido a uno de sus discípulos quedaría sin recompensa (Mateo 10.42). El hijo de Dios debe vivir una vida bendecida, la cual no sólo servirá para que él viva bien y no le falte nada sino también para que sea bendición a otras personas. Este es el método de la bendición de Dios.

III. CÓMO VIVIR LA VIDA BENDECIDA

Toda bendición de Dios tiene su precio, de lo cual se deduce que, si no estamos dispuestos a pagarlo, no recibiremos tal bendición. Hay personas que quieren que Dios les bendiga, pero desafortunadamente nunca hacen algo para mover el corazón de Dios en ese sentido.

A. Hay que ser obediente a Dios

Obediencia a los mandamientos. No basta solamente con saber los mandamientos, lo más grande e importante es "ponerlos por obra". Cada vez que Dios menciona Sus mandamientos, nos habla rigurosamente de ponerlos por obra, de obedecerlos: *"Solamente esfuérzate y sé muy valiente, para cuidar de hacer conforme a toda la ley que mi siervo Moisés te mandó; no te apartes de ella ni a diestra ni a siniestra, para que seas prosperado en todas las cosas que emprendas. Nunca se apartará de tu boca este libro de la ley, sino que de día y de noche meditarás en él, para que guardes y hagas conforme a todo lo que en él está escrito; porque entonces harás prosperar tu camino, y todo te saldrá bien."* (Josué 1.7-8)

B. Hay que ser temeroso de Dios

Otra de las claves para vivir una vida bendecida por Dios es ser una persona temerosa de Dios. Dice su Palabra: *"Mi mano hizo todas estas cosas, y así todas estas cosas fueron, dice Jehová; pero miraré a aquel que es pobre y humilde de espíritu, y que tiembla a mi palabra."* (Isaías 66.2) Este texto bíblico nos habla de lo que Dios está dispuesto a hacer por aquellos que "tiemblan ante su palabra". Obviamente debemos interpretar esto como el tener un alto respeto y reverencia a Dios por lo que Él es y sobre todo por su Palabra. Cuando el cristiano hace esto, Dios lo mira y bendice.

C. Hay que amar a Dios con todo el corazón

Sin lugar a dudas, el elemento clave para que Dios bendiga a una persona es el amor a Dios que ésta tenga. Aunque Dios bendice todos los días a muchas personas que no lo merecen, Él realmente inclina su mirada hacia aquellos que verdaderamente le aman. De hecho, este es el mandamiento más grande, como el mismo Jesús lo dijo: *"Amarás al Señor tu Dios con todo tu corazón, y con toda tu alma, y con toda tu mente. Este es el primero y grande mandamiento."* (Mateo 22.37)

D. Hay que ser fiel a Dios

Toda la bendición de Dios, prosperidad, bienaventuranza y todo lo que queremos de Dios está sujeto a nuestra fidelidad a Él. Dios es fiel y espera que nosotros también lo seamos. Por ejemplo, si Dios te bendice económicamente, dado que Él espera que le seas fiel, ¿qué piensas tú que debes hacer entonces? Debes traerle los diezmos y las ofrendas. Por eso dice la Escritura que todo es de Dios, y que nosotros sólo le damos de lo recibido de sus manos (1 Crónicas 29.14).

Dios estableció un sistema para que Su pueblo ofrendase, para poder bendecirlo y sabemos que el pueblo de Israel ofrendaba con gusto y buena voluntad. Dios todavía tiene un plan para financiar su obra de salvación en el mundo. Es el plan bíblico que consiste en que cada miembro del cuerpo de Cristo cumpla con su obligación de pagar diezmos y traer ofrendas al alfolí —el lugar de las ofrendas y diezmos.

1. Dios ordena que le paguemos los diezmos. Es necesario establecer que los diezmos representan el 10% (diez por ciento) de todos nuestros ingresos. De todo lo que Dios nos ha dado, Él sólo nos pide el 10%: *"Y el diezmo de la tierra, así de la simiente de la tierra como del fruto de los árboles, de JEHOVÁ es; es cosa dedicada a JEHOVÁ."* (Levítico 27.30) *"Indefectiblemente diezmarás todo el producto del grano que rindiere tu campo cada año."* (Deuteronomio 14.22) Jesús ratificó el diezmar: *"...esto [el diezmar] os era necesario hacer..."* (Lucas 11.42)

2. Diezmar era una práctica bíblica común. En la Biblia vemos que pagar los diezmos y dar las ofrendas a Dios era algo normal para los creyentes y lo vemos practicándose desde tiempo primitivos. Por ejemplo, Abraham pagó los diezmos según Génesis 14.20. Jacob pagó los diezmos según Génesis 28.22 y el pueblo de Israel pagó los diezmos de acuerdo con Deuteronomio 12.11 y Levítico 27.30-32.

3. Dios también pide nuestras ofrendas. Después del diezmo, Dios ordenó a su pueblo que también le trajera ofrenda voluntaria. Las ofrendas son "obsequios" que le damos a Él en gratitud por habernos bendecido. Jehová habló a Moisés, diciendo: *"Di a los hijos de Israel que tomen para mí ofrenda; de todo varón que la diere de su voluntad, de corazón, tomaréis mi ofrenda."* (Éxodo 25.1-2)

4. Uno no puede robarse lo que es de Dios. En la Biblia tenemos el caso de la nación de Israel y cómo Dios los tuvo que reprender pues le estaban robando los diezmos que eran de Él. *"¿Robará el hombre a Dios? Pues vosotros me habéis robado. Y dijisteis: ¿En qué te hemos robado? En vuestros diezmos y ofrendas. Malditos sois con maldición, porque vosotros, la nación toda, me habéis robado."* (Malaquías 3.8-9)

5. Bendiciones al pagar los diezmos. Dios bendice a su pueblo cuando paga sus diezmos. Cuando estás bajo la bendición de Dios, Él abre las ventanas de los cielos y reprende al devorador. Leer Malaquías 3.10-11. Aquí, Dios promete: (1) Abrir las ventanas de los cielos; (2) Reprender al devorador; y (3) Derramar bendición hasta que sobreabunde sobre ti.

CONCLUSIÓN

Dios quiere darte una vida bendecida, pero para ello le debes poner primero en tu vida. Él es quien te bendice, y para obtener Su bendición le tienes que dar a Él lo primero y lo mejor: tus primicias, tus diezmos y tus ofrendas.

Capítulo 12

RELACIONES PERSONALES

"Amaos los unos a los otros con amor fraternal;
en cuanto a honra, prefiriéndonos los unos a los otros."
(Romanos 12.10)

INTRODUCCIÓN

El cristiano debe ser una persona que sepa vivir en comunidad y que se lleve bien con los demás, que pueda también trabajar con diferentes tipos de personalidad tal y como lo hicieron Jesús, el apóstol Pablo y otros. Es precisamente aquí donde el hijo de Dios demuestra que ha tenido un verdadero cambio de vida. En este capítulo aprenderemos sobre la importancia que tienen las relaciones personales en la vida cristiana, cómo podemos crearlas y mejorarlas, y los efectos que éstas tienen en el desarrollo de nuestro caminar con Cristo.

I. QUÉ SON LAS RELACIONES PERSONALES

Dicho de la forma más simple las relaciones personales son la capacidad de llevarse bien con todos. Aunque vivimos en un mundo tan diverso, con tantas clases de individuos, nosotros no obstante como cristianos tenemos la habilidad de poder llevarnos bien con todos nuestros semejantes.

A. Algunas definiciones

"Las relaciones son el pegamento que mantiene unidos a los miembros de un equipo." John C. Maxwell. "Las relaciones interpersonales son contactos profundos o superficiales que existen entre las personas durante la realización de cualquier actividad." Mercedes Rodríguez Velázquez. "Interacción por medio de la comunicación que se desarrolla o se entabla entre una persona y el grupo al cual pertenece." Georgina Ehlermann. "Es la habilidad con la cual nacemos, la que debemos desarrollar y perfeccionar durante toda nuestra vida, para que cada día sea lo mejor posible." Paula Troncoso.

II. LAS RELACIONES PERSONALES EN LA VIDA CRISTIANA

A. El mandamiento de Jesús

Jesús hizo énfasis en la obediencia al más grande mandamiento de todos, que trata del amor. Él dijo a sus discípulos: *"Este es mi mandamiento: Que os améis unos a otros, como yo os he amado."* (Juan 15.12) En este mandamiento están las bases del cristianismo, ya que si un creyente no puede amar a los demás no ha aprendido nada de Jesús quien mostró un gran amor por todos y especialmente por aquellos que le hicieron daño, pues aun estando en la Cruz, Él perdonó a sus agresores. Un verdadero creyente debe amar a sus semejantes y esa es la verdadera comunión.

I. Jesús enseñó que no debemos enojarnos con los demás: *"Oísteis que fue dicho: No matarás; y cualquiera que matare será culpable de juicio. Mas yo os digo que cualquiera que se enoje contra su hermano será culpable de juicio; y cualquiera que diga necio a su hermano será culpable ante el concilio . . ."* (Mateo 5.21-22)

2. Jesús enseñó a no pelear con los demás: *"Oísteis que fue dicho: ojo por ojo y diente por diente; mas yo os digo: No resistáis al que es malo."* (Mateo 5.38-39)

3. Jesús enseñó a hacerle bien a nuestros enemigos y adversarios: *"Oísteis que fue dicho: Amarás a tu prójimo y aborrecerás a tu enemigo. Pero yo os digo: Amad a vuestros enemigos, bendecid a los que os maldicen, haced bien a los que os aborrecen, y orad por los que os ultrajan y os persiguen."* (Mateo 5.43-44)

4. Jesús enseñó a sus discípulos a amarse los unos a los otros: *"Este es mi mandamiento: que os améis unos a otros, como yo os he amado."* (Juan 15.12)

En estos pasajes bíblicos, Jesús enfatiza la importancia de las buenas relaciones personales y se opone enfáticamente a que las personas se hagan daño entre sí.

B. La enseñanza de los Apóstoles

No sólo Jesús enseñó sobre la comunión, también los Apóstoles la enseñaron y la practicaron. Basta ver los textos de las cartas que envió Pablo, para darnos cuenta de que explícitamente se contempla el sentido de comunidad en la Iglesia. La frase "unos a otros" se utiliza como unas 50 veces en el Nuevo Testamento. Veamos algunos ejemplos: *"Saludaos los unos a los otros . . ."* (2 Corintios 13.12)*"Someteos unos a otros . . ."* (Efesios 5:21) *"Soportaos y perdonaos unos a otros . . ."* (Colosenses 3.13) *"Enseñaos y exhortaos unos a otros . . ."* (Colosenses 3.16)*"Considerémonos unos a otros . . ."* (Hebreos 10.24)*"Amaos los unos a los otros con amor fraternal; en cuanto a honra, prefiriéndoos los unos a los otros."* (Romanos 12.10)

C. Las prácticas de la iglesia primitiva

Un breve estudio de la iglesia primitiva nos enseña que la primera comunidad de cristianos vivió en perfecta comunión (Hechos 2.44-47). Ellos habían experimentado el poder de Dios y éste se manifestaba en las actividades que realizaban como comunidad de fe. Analicemos el texto oración por oración.

1. "Todos los que habían creído". Esta es una clara referencia a la comunidad de creyentes y no a cualquier comunidad. Se espera de los creyentes que se sometan a las reglas del reino pero no es una exigencia a aquellos que no están bajo el gobierno de Cristo.

2. "Estaban juntos". La primera iglesia practicaba el principio establecido en el Salmo 133: *"Mirad cuán bueno y cuán delicioso es habitar los hermanos juntos en armonía . . ."* (V. 1) Esta es una clara descripción de las fiestas espirituales que tenían los antiguos hebreos, cuando subían al templo para adorar y celebrar a Dios.

3. "Tenían todas las cosas en común". La palabra "comunidad" y "común" son similares en contenido ya que ambas se orientan a las otras personas. *"Y ninguno decía ser suyo nada de lo que poseía, sino que tenían todas las cosas en común."* (Hechos 4.32)

4. No había necesitados. Allí no había necesitados porque los hermanos vendían lo que tenían y lo traían a los pies de los Apóstoles para ser repartido. La Iglesia, desde el principio, ha sabido dar siempre que hay necesidad. (Leer 1 Corintios 16.1-3)

5. Partiendo el pan por las casas. La confraternidad es muy importante. No a muchos les gusta ir a las confraternidades, pero esto es lo que hacía la iglesia primitiva. Ellos se juntaban, no para chismear o hablar mal de los hermanos, sino para hablar de Dios, para sentirse en familia.

III. LOS BENEFICIOS DE UNA BUENA RELACIÓN CON NUESTROS SEMEJANTES

En primer lugar, crear y mantener una buena relación con los demás es un papel fundamental de todo aquel que es miembro de una iglesia y forma parte del cuerpo de Cristo. Esto es muy importante por las razones que a continuación veremos.

1. Hace sentir a la gente en familia. La comunión con los demás hace sentir a cada uno de los miembros como una familia. La confianza y el amor son partes predominantes en esta relación. La gente se llega a querer tanto como si fueran de la misma carne y sangre. La comunión hace sentir a la gente en familia.

2. Hace sentir a la gente como parte del cuerpo de Cristo. Cuando la gente se siente parte de algo tan importante, también se siente valorada y apreciada.

3. Da un sentido de pertenencia. La comunión le da pertenencia a la gente. Pertenezco a la familia de Dios. Ahora soy alguien. Antes no pertenecía a esta familia, pero ahora soy parte de ella.

4. Hay compañerismo. Nada mejor que llevarse bien con los demás, nada mejor que tener amistad. El compañerismo es una de las cosas más grandes que pueden tener los miembros de cualquier equipo, ya que es ese compañerismo el que los va a hacer sentirse bien y sobre todo necesarios. La Iglesia tiene muchas culturas involucradas, pero el Señor hace que nos queramos y llevemos bien y lo más grande de todo: que nos sintamos bien cuando estamos todos juntos. Bien dijo el salmista: "Mirad cuán bueno y cuán delicioso es …"

5. Produce un cuidado fraternal. Al haber buenas relaciones personales, hay cuidado entre los hermanos.

6. Destruye las barreras raciales, sociales y étnicas. En Cristo todos somos uno, todos somos iguales, nadie es más que otro. Todos somos importantes en Cristo: *"Porque todos los que habéis sido bautizados en Cristo, de Cristo estáis revestidos. Ya no hay judío ni griego; no hay esclavo ni libre; no hay varón ni mujer; porque todos vosotros sois uno en Cristo Jesús."* (Gálatas 3.27-28)

IV. LA IMPORTANCIA DE LAS RELACIONES PERSONALES

A. Debemos aprender a relacionarnos con los demás

1. Las relaciones son muy importantes en todo lo que hacemos. Nadie puede vivir aislado de los demás. Este ha sido uno de los grandes errores de los religiosos ermitaños: que ellos han buscado apartarse de la sociedad para servir a Dios en la soledad, para no tener que batallar con personas problemáticas y pecadoras. Lo contrario es lo correcto.

2. Dios nos mandó a vivir en sociedad. Dios nunca mandó al hombre a vivir aislado. Cuando Jesús vino a la Tierra, pasó casi todo su tiempo con la gente. Todo lo que Jesús hizo de algún modo giró en torno de la gente. De igual manera nosotros necesitamos ser personas sociables. Necesitamos de los demás. Desde que salimos de la casa rumbo al trabajo, pasamos por la gasolinera y saludamos al dependiente, ya estamos relacionándonos con alguien más. Está en nosotros el tener buenas relaciones con los demás o cometer el error de volvernos personas aisladas.

B. Aprender a relacionarse con los demás tiene ventajas

Míralo de esta forma: las relaciones personales son muy importantes y las personas que tienen la habilidad para desarrollarlas son más importantes todavía. Gracias a esas personas, las grandes compañías triunfan en el mundo de los negocios, las grandes iglesias esparcen el Evangelio y alcanzan a mucha gente, las grandes naciones se desarrollan por medio de líderes que saben cómo tratar a la gente. Pero ¡ánimo! Pues tú no estás tan lejos de lograr cosas así. Tú eres una persona que puede desarrollar la habilidad de relacionarse bien con los demás.

V. IMPEDIMENTOS EN LAS RELACIONES

En su libro Relaciones 101, John C. Maxwell escribe que la comprensión es un asunto que afecta las relaciones y señala que la gente no comprende a los demás por temor, egocentrismo y por no valorar las diferencias y reconocer las similitudes de los demás[55].

1. El temor. Muchas veces la persona tiene miedo de relacionarse con las demás porque piensa que le van a fallar o traicionar. Sin embargo, en la mayoría de los casos eso es solo una percepción que se tiene y no la realidad. Otros tienen miedo de la reacción de los demás y por eso optan por no acercarse, lo que a veces llega a convertirse en un círculo vicioso. El temor se vence, de acuerdo con Maxwell, cuando uno aprende a dar el beneficio de la duda a las personas, reemplazando el temor por la comprensión[56]. Es posible trabajar juntos cuando tenemos comprensión.

2. El egoísmo. Muchas veces la gente es egoísta, aunque creemos que la mayoría de los egoístas no lo son a propósito, sino por la naturaleza caída del hombre. No obstante, el egoísmo es un factor que impide las buenas relaciones personales. El egoísta no se relaciona para no dar de lo suyo, para no compartir lo que tiene. Esto lo vemos muy a menudo en los niños: el

---

[55] John C. Maxwell, *Relaciones 101* (Nashville, TN: Editorial Caribe, Inc. 2004), 20-25.

[56] Maxwell, *Relaciones 101*, 22.

juguete de un niño pudo haber estado en el suelo largo rato, pero ni bien lo toma otro niño, su dueño lo reclama para jugar.

3. El orgullo. Cuando nuestro corazón está lleno de orgullo, no damos lugar a que otras personas ocupen un espacio en nuestras vidas. El orgullo es la barrera más grande entre dos personas.

4. No valorar a los demás. A veces la gente no se relaciona porque no valora las habilidades de los demás o no quiere reconocer los talentos que otro tiene y a él le faltan. Siempre he dicho que Dios ha repartido dones y talentos a cada uno de sus hijos. Todos tenemos algún don, algún talento y si aprendemos a valorar a los demás junto con sus dones, seguramente nos tornaremos en un equipo altamente productivo para la gloria de Dios.

VI. LA CLAVE DE LAS RELACIONES PERSONALES

A. Amor

Con amor se puede llegar a cualquier lado y se puede hacer cualquier cosa. Nadie puede resistirse al amor. El amor fue la firma de nuestro Señor Jesucristo: *"Porque de tal manera amó Dios al mundo, que dio a su hijo unigénito; para que todo aquel que en él cree, no se pierda, mas tenga vida eterna."* (Juan 3.16) Dios amó tanto a la humanidad que se dio a sí mismo por ella. Esta es la prueba de su gran amor. Y nosotros, ¿cómo podemos expresar y practicar ese amor para con los demás?

1. El deber de amar a los demás. Conforme a lo que sabemos por la palabra de Dios, como cristianos tenemos el deber de amar a los demás y "preferirnos" los unos a los otros. La pregunta que surge aquí es: ¿cómo podemos amar a los demás? Quizás cada quien tenga su propia manera y su propia definición sobre amar a los demás pero Cristo nos dio la

manera en que debemos hacerlo: *"Amarás a tu prójimo como a ti mismo."* (Mateo 22.39) Creo que estas palabras dichas por nuestro Señor Jesucristo son tan claras como penetrantes. El que ama a los demás, ¡a sí mismo se ama!

Cristo nos mandó a amar a los demás. Quizás la enseñanza más fuerte de Jesús es sobre que, aquellos que verdaderamente practican el amor, lo demuestren amando a personas que son difíciles de amar, especialmente a los enemigos. Jesús dijo: *"Amad a vuestros enemigos . . . porque si amáis a los que os aman, ¿qué recompensa tendréis? ¿No hacen también lo mismo los publicanos?"* (Mateo 5.44-46)

B. La comunicación

1. La importancia de la comunicación. La comunicación es muy importante en una iglesia, una familia, etc. Sin comunicación llegarás . . .a ninguna parte. Los seres humanos, de un modo u otro, comprendieron desde siempre la importancia de la comunicación. Desde tiempos antiguos ellos buscaron la manera de comunicarse: a través de señas, gestos, palabras y muchas otras maneras. En la actualidad tenemos tantos medios de comunicación que nunca antes había sido tan fácil comunicarse. Y, ¿qué es la comunicación? Comunicación es poder expresar lo que pienso o siento. Para dar expresión a nuestras emociones y pensamientos, utilizamos diversas formas de comunicación, como las ya mencionadas palabras, gestos, etc.

2. ¿Cómo lograr una buena comunicación? En un grupo tan diverso y heterogéneo como la Iglesia, la comunicación es indispensable. Una de dos: o eres buen comunicador o eres mal comunicador. Muchos de nosotros no sabemos expresar lo que pensamos y cuando lo hacemos, lo hacemos mal. De pronto algo que dijimos parece mal intencionado sólo porque

no lo supimos decir. Y en ocasiones no somos capaces de expresarnos. Este es un asunto que afecta de una manera muy grande a la Iglesia del Señor y es necesario ponerlo en consideración.

3. Tres guías para mejorar la comunicación

Todos podemos aprender, mejorar y practicar la comunicación con las demás personas. Primero: debemos ser francos. La comunicación franca genera confianza y construye la relación. En lo que tú más puedas, sé sincero al hablar.

Segundo: comprende a los demás. Esta es una de las grandes virtudes del hijo de Dios, poder entender al otro. Hay ocasiones en que surgen problemas simplemente porque no sabemos comprender a los demás. Por ejemplo, hay un compañero que está teniendo un mal día, que no puede con su situación personal. Como creyente, tú lo puedes ayudar, entendiéndolo en lo que está atravesando. De ese modo harás un impacto muy importante en el equipo y aliviarás las tensiones entre sus miembros y eso, tan sólo tratando de comprender al otro.

Tercero: habla con claridad. Este punto es uno de los más importantes. Siempre habla claro con los demás y no andes con rodeos. A la gente le gusta saber qué hay y que se le hable claro. Por supuesto hazlo siempre con respeto, pero claro.

4. Aprende a balancear la comunicación. Aunque comunicarse es muy necesario y saludable, debes asegurarte de tener balance y equilibrio o —como dijo el apóstol Santiago— tratar siempre de refrenar la lengua. (Lee Santiago 3.1-12)

Primero: no hables más de la cuenta. Habla sólo lo necesario. Algunas personas cometen el error de hablar más de lo que deben y cuando eso sucede, provocan problemas en el equipo. La Biblia nos aconseja dominar nuestra lengua.

Segundo: no ofendas cuando hablas. Uno de los problemas más comunes que surgen en la Iglesia es debido a que las personas se ofenden al hablar. Recuerda que debes pensar en los demás y en las cosas que a los demás pueden resultarles ofensivas, especialmente cuando se trata de personas de otras nacionalidades.

Tercero: no murmures de los demás. La murmuración crea un ambiente terrible en el equipo. Es un pecado muy grave que divide y destruye. Además que la persona que murmura se hace un mal a sí misma. Recordemos lo que le pasó a María la hermana de Moisés. (Leer Santiago 4.11-12 y Números 12.1-2)

Cuarto: no seas áspero para hablar. En otras palabras, ponle sal, gracia y amor a tu manera de hablar. La Biblia dice así: *"Sea vuestra palabra siempre con gracia, sazonada con sal; para que sepáis cómo responder a cada uno."* (Colosenses 4.6)

Quinto: piensa antes de hablar. Muchas personas se meten en problemas porque no piensan antes de hablar. Un predicador decía que las palabras que hablamos son como subir a la cima de un edificio, romper una almohada de plumas, esparcirlas al viento y después bajar e intentar recogerlas, algo prácticamente imposible de lograr. Así sucede con el que habla primero y después piensa. Difícilmente logrará reparar el daño. El predicador Eclesiastés exhorta a no darnos prisa al hablar (Eclesiastés 5.2).

C. Aprende a comprender a los demás

La comprensión es muy necesaria para poder mantener buenas relaciones con las demás personas. Muchos de los problemas que suceden con la gente pasan porque realmente no nos comprendemos, ni nos entendemos. Si nosotros comprendiésemos más a las demás personas, las cosas serían diferentes en nuestras relaciones personales. Y, ¿qué es lo que tenemos que comprender de los demás?

1. Que somos diferentes. En una iglesia de tantas y variadas culturas es imposible estar bien con los demás a menos que los entendamos y que conozcamos lo siguiente: Primero, tenemos diferentes aspiraciones. Cada uno de nosotros tiene sus ambiciones, sus metas y sus planes. Por eso Pablo dijo que no busquemos nuestro propio bien, sino el de los demás. Segundo, tenemos diferentes personalidades. Existen cuatro tipos de personalidades en este mundo y cada una de ellas tiene su forma y manera de actuar y de ver las cosas.

2. Todos queremos ser algo o alguien en la vida. Maxwell dice: "No hay ni una sola persona en el mundo que no tenga el deseo de ser alguien".[57] Todos queremos sobresalir de alguna manera y que la gente nos tenga en estima. Toda persona quiere que los demás le consideren y valoren.

3. Todos queremos que alguien se interese en nosotros. Maxwell dice: "En el momento que las personas saben cuánto se interesa usted en ellas, cambia la manera como piensan de usted[58]. En otras palabras, nuestra actitud hacia la persona que comienza a interesarse por nosotros cambia en ese momento. A la gente no le interesa cuánto sabes, hasta que saben cuánto te interesan.

D. Aprende a escuchar a los demás

Saber escuchar es una habilidad que se debe adquirir por aquellas personas que desean tener buenas relaciones con Dios y con las personas a su alrededor. También creo que esta es una virtud que Dios le ha dado a ciertos individuos, lo que no elimina el hecho de que

---

[57] Maxwell, *Relaciones 101*, 25.

[58] Ibid. 28.

todos podemos aprender a escuchar a los demás. Como este asunto está ligado a la comunicación, cabe decir que nadie puede ser un buen comunicador si no es un buen oyente. Dice Dios: *"Ahora, pues, si diereis oído a mi voz, y guardareis mi pacto, vosotros seréis mi especial tesoro sobre todos los pueblos de la tierra; porque mía es la tierra."* (Éxodo 19.5)

I. La importancia de saber escuchar. ¿Qué tan importante es saber escuchar a los demás? Hay personas que tienen esta habilidad y otras no. ¿A qué se debe esto? ¿Por qué decimos que es importante escuchar a los demás? Ser un buen oyente es muy beneficioso, porque a la gente le gusta ser escuchada. Cuando la gente habla, expresa lo que piensa, lo que siente y lo que desea hacer. Es por eso que en las situaciones de conflicto, lo primero que hacen los consejeros es escuchar a la partes involucradas, para darse cuenta de lo que está sucediendo.

2. Saber escuchar es de un gran valor. Veamos:

John Maxwell habla sobre el valor de saber escuchar y observa tres efectos de cuando se escucha: Se muestra respeto, se edifican las relaciones y se aumenta el conocimiento[59].

Primero: cuando escuchas, muestras respeto. A todos nos gusta que nos escuchen. Nadie escucharía a otro hablar si no supiera que después le toca el turno a él. Y en efecto, con frecuencia nos parece menos interesante lo que el otro está diciendo que lo que nosotros tenemos para decir; pero la realidad es que toda persona merece nuestro respeto, y por lo tanto el ser escuchada. Este punto es muy importante especialmente para aquellas personas que solamente les gusta hablar ellas, y de ellas. Cuidado. Tú muestras respeto a las personas cuando las escuchas.

Segundo: cuando escuchas, edificas relaciones. Maxwell

---

[59] Ibid. 59-62.

cita a Dale Carnegie, quien ha dicho que podemos ganar más amigos en dos semanas siendo buenos oyentes, que los que podríamos hacer en dos años tratando de que la gente se interese en nosotros. En otras palabras, puedes ganar muchos más amigos si sabes escuchar que empleando otras tácticas y estrategias para ello. Las personas se acercarán a ti porque eres un buen "escuchador" o interlocutor. Aprende a escuchar y edificarás relaciones con las personas que están a tu alrededor.

Tercero: cuando escuchas aprendes. Escuchar a los demás, especialmente a aquellos que trasmiten una enseñanza o experiencia, nos hace aprender. Cuando eres un buen oyente, Dios mismo te bendice pero si no lo eres, te conviertes en alguien muy desagradable ante los ojos de Dios. Recuerda lo que dijo Samuel al rey Saúl: *"...ciertamente el obedecer es mejor que los sacrificios, y el prestar atención que la grosura de los carneros."* (I Samuel 15.22b) Prestar atención debe ser una preocupación de todos nosotros. La gente quiere y necesita ser oída.

3. Tú puedes desarrollar la habilidad de escuchar

La habilidad de saber escuchar, ¿es algo que viene de parte de Dios como un don, es una virtud que sólo tienen ciertas personas? Yo creo que todos podemos aprender a escuchar a los demás para lo cual debemos desarrollar la humildad. Dice la Escritura: *"Nada hagáis por contienda o vanagloria, antes bien con humildad, estimando cada uno a los demás como superiores a él mismo; no mirando cada uno por lo suyo propio, sino cada cual también por lo de los demás."* (Filipenses 2.3-4) Tú desarrollarás la habilidad de escuchar a medida que desarrolles humildad en tu corazón. Maxwell ofrece una lista de cosas a tomar en cuenta para llegar a ser un buen oyente de los demás:

Primero: mira al que te habla. Nuestra mirada determina si estamos poniendo atención o no. Maxwell dice que el proceso comienza cuando uno presta a la otra persona toda su atención[60].

Segundo: no interrumpas. A nadie le agrada que le interrumpan cuando habla. ¡Y a muchos les encanta interrumpir! Maxwell dice que la mayoría de las personas reacciona mal cuando se les interrumpe, pues sienten que se les ha faltado el respeto. Maxwell agrega que los que tienen la tendencia a interrumpir la conversación generalmente lo hacen porque consideran más importante lo suyo que lo del otro, no asignan suficiente valor a la otra persona y a lo que ella tiene para decir, se entusiasman tanto con el tema, que no permiten hablar a los demás[61]. Y muchos hablan buscando impresionar. Jamás deberíamos tratar de impresionar a nadie, pero sí de respetar a todos. Y una razón más de tantas interrupciones a la conversación del otro: la persona es mal educada.

Tercero: entiende al que habla. Maxwell cita un estudio realizado en conjunto por varias universidades, según el cual se ha descubierto que la mayoría de las personas recuerda sólo el 50% de una conversación inmediatamente después de oírla y al siguiente día sólo recuerda el 25% de lo que escuchó[62]. La manera de mejorar en esto es poniendo más atención al escuchar, tratando de entender en lugar de sólo recordar datos.

4. Pregunta si no entiendes. Nunca te quedes con la duda. Si no entendiste a tu hermano, pregúntale, para que después no tengas que estar suponiendo algo que él no dijo.

5. Controla tus emociones. Cálmate, tranquilízate. Ya llegará tu turno de hablar. Maxwell afirma que muchas de esas

---

[60] Maxwell, *Relaciones 101*, 66.

[61] Maxwell, *Relaciones 101*, 66-67.

[62] Maxwell, *Relaciones 101*, 67-68.

reacciones que tenemos ante ciertas personas o situaciones se deben a que arrastramos un lastre emocional[63].

6. No juzgues antes de tiempo. No saques conclusiones erráticas antes de que la otra persona termine de hablar.

CONCLUSIÓN

El cristiano debe ser una persona sociable, que puede crear y mantener buenas relaciones con todos, incluso con aquellos que son difíciles de tratar. Por esto es necesario que, como hijo de Dios, trabajes mucho en esta área; para poder desarrollar buenas relaciones personales, lo cual agrada a Dios y ofrece un buen testimonio de la obra que Él ha hecho en tu vida.

---

[63] Ibid. 69.

Capítulo 13

EL LLAMADO DE DIOS

"Pero Jehová había dicho a Abraham: Vete de tu tierra y de tu parentela, y de la casa de tu padre, a la tierra que te mostraré. Y haré de ti una nación grande, y te bendeciré, y engrandeceré tu nombre, y serás bendición."
(Génesis 12.1-2)

INTRODUCCIÓN

Muchas veces nos preguntamos acerca del propósito de nuestra vida en este mundo pero no alcanzamos a comprenderlo. Podemos afirmar, no obstante, que cada uno de nosotros está en la Tierra por algo y para algo. Cuando analizamos la vida de Abraham podemos darnos cuenta de que este hombre fue escogido por el Señor para algo grande. Abraham nos da un gran ejemplo de la fe que debemos tener si queremos servir a Dios de una manera especial. Pero el llamado de Dios no fue solo para Abraham. Dios todavía llama a aquellas personas que Él desea usar en la expansión de su reino. En esta era de la Gracia, el llamado de Dios es para todos sus hijos. En este capítulo, aprenderás cuál es el propósito de Dios para ti y cómo puedes desarrollar el llamado que el Señor te ha dado.

I. LLAMADOS CON UN PROPÓSITO

A. Dios nos ha llamado con un propósito

Es muy importante que entendamos que Dios nos ha llamado con un propósito. Ninguno de nosotros está en el mundo por coincidencia. Dios hace todas las cosas con un propósito y Él planifica bien todo lo que hace: *"Y sabemos que a los que aman a Dios, todas las cosas les ayudan a bien; esto es, a los que conforme a su propósito son llamados."* (Romanos 8.28)

B. El propósito de Dios se llevará a cabo

Aun en las cosas malas que nos suceden, Dios tiene un propósito determinado para nosotros. Por ejemplo, tenemos al patriarca Job, que había sufrido demasiado por todas las pérdidas que le habían sobrevenido y sin embargo miró las cosas de una manera que hasta hoy llama nuestra atención. Después de haber perdido todo, Job dijo: *"Desnudo salí del vientre de mi madre, y desnudo volveré allá. Jehová dio, y Jehová quitó; sea el nombre de Jehová bendito. En todo esto no pecó Job, ni atribuyó a Dios despropósito alguno."* (Job 1.21-22)

Job había entendido que algún propósito tendría Dios con lo que le estaba pasando y en efecto, no se estaba equivocando. Después que pasó su prueba, Dios lo restauró y Job tuvo muchísimo más de lo que tenía antes: *"Y quitó Jehová la aflicción de Job, cuando él hubo orado por sus amigos; y aumentó al doble todas las cosas que habían sido de Job."* (Job 42.10) Dios siempre tendrá un buen propósito para nosotros en todo. Si tú alcanzas a visualizar el plan que Él tiene para tu vida, entonces no tendrás problemas en aceptar las cosas que te sucedan.

C. El propósito de Dios incluye un plan

Si analizamos el llamado de Dios y la trayectoria de Abraham, podemos darnos cuenta de que en efecto el llamado de Dios para este hombre incluía un plan maestro que al tiempo de recibirlo ni siquiera lo comprendía en su totalidad. Dios le dijo a Abraham: *" ...Vete de tu tierra y de tu parentela, y de la casa de tu padre, a la tierra que te mostraré. Y haré de ti una nación grande, y te bendeciré, y engrandeceré tu nombre, y serás bendición.*" (Génesis 12.1-2) Abraham estaba recibiendo un llamado a formar una nación que sirviera a Dios pero este llamado también incluía una bendición especial para él y, por medio de él, para otras personas.

Este gran hombre de Dios dejó todo para seguir la voz de aquel que lo estaba llamando y caminó una distancia increíble en aquel entonces, siguiendo esa voz. El libro de Hebreos dice lo siguiente: "*Por la fe habitó como extranjero en la tierra prometida como en tierra ajena, morando en tiendas con Isaac y Jacob, coherederos de la misma promesa.*" (Hebreos 11.9) Él creyó a la Palabra y pisó la tierra que Dios le había prometido. Luego durmió sobre ella, pues había entendido que Dios lo había llamado para algo grande.

II. LLAMADOS PARA ALGO GRANDE

El propósito de Dios es algo grande, no sólo para nosotros, sino también para nuestros hijos y nuestra descendencia toda. Al considerar el llamado de Abraham notamos que ese mismo llamado trasciende a sus generaciones. Isaac su hijo recibe el mismo llamado y con las mismas palabras de Dios. Luego Jacob recibe la visión de Dios que antes mencionamos, de aquella escalera apoyada en el Cielo y la voz de Dios que decía: "*Yo soy Jehová, el Dios de Abraham tu padre, y el Dios de Isaac; la tierra en que estás acostado te la daré a ti y a tu descendencia...*" (Génesis 28.13) Y cuando Dios llama a Moisés le menciona sus generaciones pasadas: "*...Yo soy el Dios de tu padre; Dios de Abraham, Dios de Isaac y Dios de Jacob...*" (Éxodo 3.6) Cuando consideramos la historia bíblica, vemos que Dios ha llamado a hombres y mujeres y los ha colocado en posiciones de honra, de autoridad y de poder aun cuando ellos no se lo esperaban. Veamos varios ejemplos.

A. Moisés

Dios llamó a Moisés para ser el gran libertador del pueblo de Israel. Moisés cuidaba las ovejas de su suegro Jetro en el desierto, pero Dios lo llamó de en medio de una zarza ardiendo. Él nunca se esperó este llamamiento. *"Apacentando Moisés las ovejas de Jetro su suegro, sacerdote de Madián, llevó las ovejas a través del desierto, y llegó hasta Horeb, monte de Dios. Y se le apareció el Ángel de Jehová en una llama de fuego en medio de una zarza..."* (Éxodo 3.1-2)

B. Josué

Josué fue el gran conquistador de la tierra prometida. El fue primero un gran servidor de Moisés pero llegó el tiempo en que Dios lo llamó directamente para continuar la gran obra de Moisés. Dios dijo a Josué: *"Mi siervo Moisés ha muerto; ahora, pues, levántate y pasa este Jordán, tú y todo este pueblo, a la tierra que yo les doy a los hijos de Israel. Yo os he entregado, como lo había dicho a Moisés, todo lugar que pisare la planta de vuestro pie."* (Josué 1.2-3)

C. David

David andaba cuidando las ovejas de su padre, pero Dios le había dicho al profeta: *"...Jehová se ha buscado un varón conforme a su corazón, al cual Jehová ha designado para que sea príncipe sobre su pueblo..."* (I Samuel 13.14) Mientras Saúl rechazó servir a Dios, David le entregó su corazón, entonces el Señor sacó a David del anonimato para hacer de él un gran rey y pastor de la nación de Israel. Y de su simiente o descendencia vino Cristo como rey de todas las naciones.

D. Eliseo

Eliseo araba la tierra con sus yuntas: *"Partiendo él de allí, halló a Eliseo hijo de Safat, que araba con doce yuntas delante de sí, y él tenía la última. Y pasando Elías por delante de él, echó sobre él su manto."* (I Reyes 19.19) Más de allí lo sacó Dios para hacerlo uno de los profetas grandes que tuvo Israel. Este hombre hizo grandes proezas, pues aún después de muerto, sus huesos conservaban el poder de Dios. (Leer 2 Reyes 13.21)

E. Los doce Apóstoles

Y qué pudiéramos decir de los doce Apóstoles del Señor, que cuando Jesús los llamó eran hombres comunes, corrientes y del vulgo. Ellos no eran escribas, fariseos, maestros de la ley o algún tipo de persona importante. Ellos sólo eran pescadores, cobradores de impuestos, sicarios, etc. Hombres sin una aspiración demasiado grande, muy probablemente y, sin embargo, Jesús puso sus ojos en ellos.

III. LA HECHURA DE UN HOMBRE DE DIOS

Una de las labores más importantes de Jesús cuando caminó por esta Tierra fue la de transformar vidas. Hay un pasaje bíblico muy poderoso que habla del encuentro de Jesús con sus primeros discípulos: *"...Venid en pos de mí, y os haré pescadores de hombres."* (Mateo 4.19) Jesús dedicó la mayor parte de su tiempo a trabajar en sus discípulos, para hacer de ellos lo que Él quería hacer precisamente con ellos. Ahora consideremos los siguientes puntos.

A. Dios está en el negocio de hacer hombres

1. Dios creó a Jacob, pero formó a Israel. Cuando estudiamos la Biblia podemos darnos cuenta de que Jacob era una persona con muchas situaciones complicadas en su vida. De hecho su mismo nombre significa "suplantador". Sin embargo, Dios trabajó de modo tal en su vida que le cambió totalmente. Hasta su nombre le cambió. Un texto bien claro acerca de este proceso es el siguiente: *"Ahora, así dice Jehová, Creador tuyo, oh*

Jacob, y Formador tuyo, oh Israel: No temas, porque yo te redimí; te puse nombre, mío eres tú." (Isaías 43.1)

2. Dios llamó a Simón, pero formó a Pedro. *"Simón, a quien puso por sobrenombre Pedro."* (Marcos 3.16) Parece que esta es la especialidad de Dios. Él toma su tiempo y trabaja con aquellos que quiere usar.

B. El proceso de la formación

El llamado de los discípulos de Jesús encierra un proceso de llamamiento y por ende una escalera a la cúspide de la voluntad de Dios en sus vidas. Ellos eran pescadores al principio, pero terminarían siendo Apóstoles. Algunos lo llaman el proceso de selección, el cual está constituido de tres pasos fundamentales: la conversión, el discipulado y el ministerio.

1. El llamado a la conversión. "Arrepentíos" era el mensaje de Jesús en sus predicaciones. Ese era el llamado e incluía una conversión a Cristo. Es decir, la gente tenía que darle la espalda al pecado y seguir a Cristo. En Juan 1.35-51, Andrés, Juan, Pedro, Felipe y Natanael se encontraron por primera vez con Jesús. Esto tuvo lugar cerca del comienzo del ministerio de Jesús en el desierto, cuando Juan presentó a Jesús como el Cordero de Dios. Estos cinco comenzaron a seguir a Jesús a partir de ese evento.

2. El llamado al discipulado. La fase dos del llamado consistió en seguir a Jesús y caminar cerca de Él, tal y como lo hicieron estos hombres, dejando las redes y sus trabajos para entrar en la escuela de Jesús. Ellos pasaron días y noches enteras siguiendo al Maestro y aprendiendo de Él. El discipulado era estricto y requería mucha entrega, sin embargo en esa etapa es donde ellos iban a ser formados por el arquitecto y constructor de vidas.

3. El llamado al ministerio. La tercera fase, es aquella en la que el hombre ya es seleccionado de entre todos los que siguen a Jesús para ser lo que Él quiere que sean. Éstos, una vez que pasaron la escuela de formación, fueron llamados a lo que habían de hacer. En ese proceso, los discípulos de Jesús se convirtieron en Apóstoles (Lucas 6.13) y ese sería su ministerio para toda la vida y por el cual darían asimismo la vida también. En un precioso libro sobre los doce Apóstoles del Señor, John MacArthur señala cuatro fases que pasaron estos hombres en su proceso de formación. MacArthur las ordena de la siguiente manera: La conversión, el ministerio, el apostolado y el martirio[64]. Estas fases ilustran todo el proceso que vivieron estos grandes hombres de Dios y eso es precisamente lo que el nuevo creyente debe entender: que para poder servir en el reino de Dios, tendrá que pasar un proceso que muchas veces será duro y doloroso.

C. La materia prima de los discípulos

Los discípulos del Señor no eran un asunto fácil de trabajar. Jesús tuvo que emplear mucho tiempo para formarlos y entrenarlos. MacArthur habla sobre lo difícil que fue el proceso y señala cinco características de los que llegaron a ser los sucesores de Cristo.

1. Carecían de entendimiento espiritual; eran lentos para oír y lentos para entender (Mateo 15.16-17; 16.19).

2. Carecían de humildad. Eran personas que se preocupaban solo de sí mismas, de sus propios intereses. Eran arribistas y orgullosos. Pasaron mucho tiempo discutiendo quién de ellos sería el más importante del grupo (Mateo 20.20-28; Marcos 9.33-37; Lucas 9.46).

---

[64] John MacArthur, *Doce Hombres Comunes y Corrientes* (Nashville, TN: Editorial Caribe Inc., 2004), 25-29.

3. Carecían de fe. Solo en el evangelio de Mateo, Jesús les dice cuatro veces "hombres de poca fe" y en Marcos 4.40 directamente les reclama que no tienen fe.

4. Carecían de compromiso. Mientras las multitudes estaban alborotadas por la aprensión de Jesús, ellos salieron corriendo y lo abandonaron. El líder del grupo terminó negando a su maestro.

5. Tenían diferentes personalidades. Pedro era ansioso, agresivo, valiente y franco, pero tenía el hábito de hacer funcionar su lengua cuando no debía. Juan hablaba muy poco. Bartolomé o Natanael era un creyente verdadero el cual estaba dispuesto a mostrar su fe. Tomás era escéptico e incrédulo y quería tener prueba de todo siempre. Mateo era un ex cobrador de impuestos. Simón el Zelote era un ex revolucionario que odiaba a Roma —casi todos los zelotes eran sicarios— y así por el estilo. Cada uno de ellos tenía su propia forma de ser[65].

IV. LA ESCUELA DE JESÚS

Estos discípulos tuvieron que pasar por la escuela de Jesús para poder llegar a ser lo que Él quería que fueran. Esta escuela tenía algunas fases importantes que ellos necesitaban aprender. Si nosotros queremos que Dios nos use, tenemos que pasar por su escuela y ésta tiene muchas facetas interesantes, a la vez que indispensables. Veamos las más importantes.

A. Nuestra relación con Dios

1. Dios exige nuestro amor total. *"Jesús le dijo: Amarás al Señor tu Dios con todo tu corazón, y con toda tu alma, y con toda tu mente. Este es el primero y grande mandamiento."* (Mateo 22.37)

---

[65] Ibid. 25-29.

2. Dios exige una entrega total. *"El que ama a padre o madre más que a mí, no es digno de mí; el que ama a hijo o hija más que a mí, no es digno de mí; y el que no toma su cruz y sigue en pos de mí, no es digno de mí."* (Mateo 10.37-38)

B. Dios tiene que quebrar nuestro orgullo

1. Negarse a sí mismo. Jesús dijo: *"El que quiera venir en pos de mí, niéguese a sí mismo. . ."* (Lucas 9.23) Pablo, en su epístola a los Gálatas, les dice: *"Ya no vivo yo, mas Cristo vive en mí."* (Gálatas 2.20)

2. Ser obediente: *"¿No sabéis que si os sometéis a alguien como esclavos para obedecerle, sois esclavos de aquel a quien obedecéis, sea del pecado para muerte, o sea de la obediencia para justicia?"* (Romanos 8.16) *"Te he escrito confiando en tu obediencia, sabiendo que harás aun más de lo que te digo."* (Filemón 1.21)

3. Someterse a la voluntad de Dios. Jesús dijo: *"Porque he descendido del cielo, no para hacer mi voluntad, sino la voluntad del que me envió."* (Juan 6.38)

C. La escuela de Jesús los preparaba para servir

Cristo es el siervo por excelencia. Marcos así lo presenta, como el siervo de Dios. Cristo vivió para servir a Dios. Lo demostró en la adoración, cuando pasaba noches enteras orando a Dios. Lo demostró enseñando a sus discípulos, en el discipulado. Lo demostró con las almas, predicando a los perdidos. Lo demostró en la comunión, comiendo con los afligidos y con los pecadores, haciéndoles sentir en familia y lo demostró como siervo, lavándoles los pies.

1. Cristo no vino para ser servido. Él *"vino a servir y a dar su vida en rescate por muchos."* (Marcos 10.45) Si Él, siendo el Rey de reyes y el Señor de los señores, se nombró siervo, ¡cuánto más nosotros, que somos como la flor del campo!

2. La grandeza del Hombre. *"...el que quiera hacerse grande entre vosotros, será vuestro servidor; y el que quiera ser el primero, será siervo de todos."* (Marcos 10.43-44) La grandeza del hombre no se encuentra en la posición que ostente, sino en el servicio que dé. Al contrario del mundo, donde todos quieren ser grandes, pero no quieren servir, Cristo nos enseña que la grandeza del hombre está en el servicio.

CONCLUSIÓN

Dios nos ha escogido para servirle a Él completamente y para servir a los demás, para eso nos ha llamado Dios. Antes de que Dios nos use poderosamente, antes de que veamos sus maravillas y su poder, Él tiene que formarnos y trabajar con nosotros quitando de nuestra vida todo aquello que no sirve y que nos hace daño para podernos usar. Recuerda a los Apóstoles. Ellos tuvieron que pasar por la escuela de Jesús, pero después que pasaron Dios los usó poderosamente y pudieron hacer cosas extraordinarias.

Capítulo 14

LLAMADOS A EVANGELIZAR

"Andando Jesús junto al mar de Galilea, vio a dos hermanos, Simón, llamado Pedro, y Andrés su hermano, que echaban la red en el mar; porque eran pescadores. Y les dijo: Venid en pos de mí, y os haré pescadores de hombres. Ellos entonces, dejando al instante las redes, le siguieron."
(Mateo 4.18-20)

―――༄―――

INTRODUCCIÓN

El cristiano es llamado por Dios no sólo para adorarle e ir todos los días de servicio a la iglesia, sino también para dar frutos de vida eterna. En otras palabras, cuando un cristiano se convierte a Cristo, una de sus labores indispensables es la de traer a otras personas a los pies de Cristo así como un día alguien lo trajo a él. A esa acción se le llama evangelizar. Debemos entender que todo creyente ha sido llamado para evangelizar a otros. Pero, ¿cómo podemos evangelizar? En este capítulo aprenderemos no sólo el significado del evangelismo, sino también la práctica del mismo y cómo podemos llevarlo a cabo de la forma más productiva.

I. DEFINICIÓN

La palabra evangelio proviene de la transliteración del sustantivo griego *euangelion,* que significa buenas nuevas. El Evangelio es una gozosa proclamación de la actividad redentora de Dios en Cristo Jesús para salvar al hombre de la esclavitud del pecado. En el Nuevo Testamento —escrito en griego— no sólo se expresa en forma de sustantivo, sino también en forma verbal: *euanggelizo,* que significa proclamar o anunciar el evangelio[66]. El evangelismo es la acción de comunicar, proclamar, hablar, testificar y enseñar las buenas nuevas de salvación.

II. EL PLAN DE SALVACIÓN

Dios ha establecido un plan por medio del cual el hombre alcance la salvación y se plantea bajo la pregunta: ¿Qué haré para ser salvo? Esta pregunta se la hizo el carcelero de Filipos al apóstol Pablo cuando los presos aparentemente se habían escapado después de abrir Dios las puertas de la cárcel, mientras Pablo y Silas adoraban a Dios a la media noche. Este hombre se quiso quitar la vida pero Pablo estaba allí con los presos. Nadie se había escapado. El texto bíblico registra la pregunta del carcelero y la respuesta de Pablo y Silas: *"Señores, ¿qué debo hacer para ser salvo? Ellos dijeron: Cree en el Señor Jesucristo, y serás salvo, tú y tu casa."* (Hechos 16.30) De este pasaje y otros como este, sacamos la siguiente declaración acerca del plan de salvación para el hombre.

A. Cinco pasos para alcanzar la salvación

1. La persona debe reconocer que es pecadora, porque la Biblia dice que *"todos pecaron y están destituidos de la gloria de Dios."* (Romanos 3.23) Todo el mundo es pecador y debe

---

[66] Enciclopedia Electrónica Ilumina, *Vine Diccionario Expositivo* (Nashville, TN: Caribe-Betania, 1999).

reconocerlo ya que, a menos que se admita, Dios no podrá salvarlo.

2. La persona debe recibir a Jesucristo como su Salvador personal. Jesús dijo: *"Yo soy el camino, y la verdad, y la vida; nadie viene al Padre, sino por mí."* (Juan 14.6) Jesús es el autor y dador de la salvación, puesto que *"en ningún otro hay salvación; porque no hay otro nombre bajo el cielo, dado a los hombres, en que podamos ser salvos."* (Hechos 4.12)

3. La persona debe bautizarse. El bautismo en agua es un elemento indispensable para la salvación y para entrar a la Iglesia. El historiador Lyman dice que éste era el rito que se administraba para que la gente pudiera entrar a la Iglesia[67]. Uno de los requisitos más importantes para todo el que quiere servir a Cristo, es bautizarse. Jesús dijo a Nicodemo: *"De cierto, de cierto te digo, que el que no naciere de nuevo, no puede ver el reino de Dios."* (Juan 3.3) Además, mandó a sus discípulos a bautizar para la salvación. *"El que creyere y fuere bautizado, será salvo; mas el que no creyere, será condenado."* (Marcos 16.16) Por esto, el apóstol Pedro dijo en la primera evangelización: *"Arrepentíos, y bautícese cada uno de vosotros en el nombre de Jesucristo para perdón de los pecados; y recibiréis el don del Espíritu Santo."* (Hechos 2.38) Y los primeros hermanos fueron bautizados ese mismo día: *"Así que, los que recibieron su palabra fueron bautizados; y se añadieron aquel día como tres mil personas."* (Hechos 2.41)

4. La persona debe recibir el Espíritu Santo. El Espíritu Santo es indispensable para llegar al Cielo, ya que es la fuerza que mueve al cristiano a todo. Jesús dijo: *"De cierto, de cierto te digo, que el que no naciere de agua y del Espíritu, no puede entrar en el reino de Dios."* (Juan 3.5) Es por esto que la Iglesia prestaba mucha atención al bautismo del Espíritu Santo.

---

[67] Jesse Lyman Hurlbut, *Historia de la Iglesia* (Miami, FL: Vida Publishers, 1999), 41.

5. La persona debe vivir una vida de santidad. Vivir una vida santa es un requisito para poder llegar al Cielo. La Biblia dice: *"Seguid la paz con todos, y la santidad, sin la cual nadie verá al Señor."* (Hebreos 12.14) La palabra santidad quiere decir "apartado de las cosas malas para servir a Dios". Dios reclama un pueblo santo para Él, alejado del mundo y de sus placeres.

III. LA IMPORTANCIA DE EVANGELIZAR

Tenemos el privilegio de haber conocido, creído y obedecido al plan bíblico de salvación. ¿Qué sigue? Debemos proclamarlo a los demás. Debemos cumplir la muy importante labor de evangelizar a este mundo perdido. Hay cuatro motivos para hacerlo:

A. Debemos evangelizar porque esa es la gran Comisión de Jesús

El gran mandamiento y comisión de Jesús para sus siervos dice: *"Por tanto, id, y haced discípulos a todas las naciones, bautizándolos en el nombre del Padre, y del Hijo, y del Espíritu Santo."* (Mateo 28.19) De aquí se desprende entonces nuestra obligación de evangelizar, pues se trata de la gran comisión de Cristo a todo aquel que ha decidido seguirle.

B. Debemos evangelizar porque es una obligación cristiana

En segundo lugar, debemos evangelizar porque esa es nuestra obligación como cristianos. El apóstol Pablo dijo: *"Pues si anuncio el evangelio, no tengo por qué gloriarme; porque me es impuesta necesidad; y ¡ay de mí si no anunciare el evangelio!"* (1 Corintios 9.16) Por lo tanto, evangelizar se convierte en una obligación moral y espiritual del hijo de Dios. En otras palabras, la persona lo debe sentir en su corazón, lo debe sentir como una carga, en el buen sentido de esta palabra.

C. Debemos evangelizar para que no se pierda ni uno

En tercer lugar, debe existir la conciencia que tuvo Cristo, la cual fue de que no se perdiera ninguna persona: *"Así, no es la voluntad de vuestro Padre que está en los cielos, que se pierda uno de estos pequeños."* (Mateo 18.14) Nosotros, como hijos de Dios, también tenemos que pensar que todas aquellas personas que no le sirven a Dios se perderán.

D. Debemos evangelizar para que la Iglesia crezca

En último lugar, debemos evangelizar para que la Iglesia crezca. La idea de Dios es que su Iglesia avance en la conquista de este mundo. Por lo tanto debemos salvar a la mayor cantidad de personas posibles. La iglesia primitiva estaba haciendo este trabajo: *"Y los que creían en el Señor aumentaban más, gran número así de hombres como de mujeres. . ."* (Hechos 5.14)

IV. JESÚS Y EL EVANGELISMO

A. La tarea más importante de Jesús

Una de las tareas más importantes de Jesús era la de anunciar a todo el mundo el Evangelio. Esto lo vemos en cada detalle de lo que Él hablaba y hacía, lo vemos reflejado cuando se presentó públicamente: *"El Espíritu del Señor está sobre mí, por cuanto me ha ungido para dar buenas nuevas a los pobres; me ha enviado a sanar a los quebrantados de corazón; a pregonar libertad a los cautivos, y vista a los ciegos; a poner en libertad a los oprimidos; a predicar el año agradable del Señor."* (Lucas 4.18-19)

B. La pasión de Jesús eran las personas

Cuando analizamos la vida de Cristo, podemos encontrar que todo lo que Él hacía giraba en torno de la salvación de las personas. Algunas de las frases favoritas de Jesús bien pudieron ser estas: *"Mientras tanto que estoy en el mundo, luz soy del mundo."* (Juan 9.5)*"Yo tengo una comida que comer que vosotros no sabéis."* (Juan 4.32)*"Tengo compasión por la gente..."* (Mateo 15.32) Jesús tenía una pasión por cada persona y estaba dispuesto a enfrentar cualquier cosa —aun a los religiosos de la época— con tal de que la gente recibiera salvación. Cada cosa que Jesús hacía, estaba orientada a dar las buenas nuevas a todos. Él caminó las millas necesarias para ir a dar las buenas nuevas. El dejó de comer por anunciar el Evangelio. Él dejó de dormir por predicar e interceder. Él dejó todo lo que tuvo que dejar, por hacerlo. Entonces, la Iglesia debe estar orientada en todo lo que haga hacia el evangelismo.

C. Cuando sanaba a alguien lo mandaba a testificar

Cuando el hombre endemoniado de Gadara fue liberado y en agradecimiento quiso irse con Jesús, Cristo lo mandó a anunciar las buenas nuevas de lo que Dios había hecho con él (Marcos 5.19). El evangelismo de Jesús era sencillo: *"Arrepentíos, porque el reino de los cielos se ha acercado."* (Mateo 4.17)

V. LA IGLESIA Y EL EVANGELISMO

A. La Iglesia primitiva cumplió esta gran comisión

La primera iglesia se volcó al evangelismo y su misión fue la de llenar toda aquella región con el Evangelio de Jesús. El texto bíblico dice: *"Y todos los días, en el templo y por las casas, no cesaban de enseñar y predicar a Jesucristo."* (Hechos 5.42) A pesar de que no tenían la tecnología y las comodidades de hoy, ellos llenaron Jerusalén de la doctrina apostólica, según Hechos 5.28.

B. La iglesia de hoy debe estar orientada a evangelizar

Una de las cosas que la Iglesia debe saber es que, mientras no esté orientada a evangelismo, no podrá crecer. El crecimiento está basado en el involucramiento, preparación y dedicación de los miembros de la

Iglesia al evangelismo. Todo lo que la Iglesia hace, una vez más, debe estar orientado al evangelismo.

¿Qué significa "estar orientado"? Significa estar dedicado, inclinado. El culto debe estar orientado al evangelismo. Los músicos, el coro, el sermón debe tener ingredientes que los visitantes reciban y puedan apreciar y entender. Los hermanos deben entender que las almas necesitan sermones para ellos y cantos que ellos puedan entender. El edificio debe estar orientado al evangelismo. Piensa como pensaría un visitante, mira el edificio como lo miraría un visitante, cuáles son las cosas que están fuera de lugar. Nosotros ya no vemos lo que está desacomodado, porque estamos acostumbrados a ello. Los hermanos deben estar orientados al evangelismo. Todo lo que hacemos aquí, debe estar pensado en que hay visitantes que están llegando a nuestra iglesia.

C. Evangelismo fuera de la Iglesia

La Iglesia debe salir a la calle, al campo y a los lugares donde se encuentre alguien que tenga una necesidad de Dios y presentarle la solución. Por mucho tiempo la Iglesia ha estado esperando que la gente se acerque al templo. Ahora es tiempo de salir a buscar a la gente. El mandato de Jesús fue: *"...id pues a las salidas de los caminos y llamad a las bodas a cuantos halléis..."* (Mateo 22.9) Hay que ir a buscar a los que quieren y dejar de rogarle a los que no quieren. A veces, la Iglesia pierde demasiado tiempo, dinero y esfuerzo con gente que no quiere servir a Dios mientras otros por las calles están pidiendo ayuda.

D. Evangelismo dentro de la Iglesia

Bernabé fue conocido como un hombre que le gustaba atender a los que se acercaban a Jesús. Él trajo a Pablo ante los discípulos cuando los discípulos le tenían temor (Hechos 9.27). Es importante que los hermanos entiendan que deben atender a las visitas cuando éstas vienen a la Iglesia porque la atención es una de las cosas que hace que la gente se quede en la Iglesia. Hay que abrir las puertas de adelante y cerrar las de atrás porque las de adelante significan crecimiento y las de atrás pérdida. Esto es trabajo de todos, pues todos podemos abrir o cerrar las puertas.

Abrir las puertas de adelante significa:
- Ser amable con las visitas
- Atender a los visitantes
- Estar dispuestos a ayudar

Cerrar la puerta de atrás requiere algunos factores importantes:
- Dar un buen ejemplo
- Evitar la crítica y el chisme
- Evitar hacer sentir mal a los visitantes y hermanos

VI. SE DEBE EVANGELIZAR NO IMPORTANDO LOS RESULTADOS

Quizás uno de los problemas del porqué no evangelizamos con frecuencia radica en tres puntos negativos. Primero, no todos aceptan el Evangelio, segundo, hay quien lo acepta, pero no se entrega y tercero, hay quien se entrega, pero luego abandona la carrera.

Para estos impedimentos debemos saber lo siguiente: Jesús advirtió que esto iba a suceder, pues no todos aceptarán y permanecerán. Un análisis de la parábola del sembrador (Mateo 13.1-9) arroja suficiente luz para este particular. En esta parábola podemos ver la preocupación de Jesús para que su audiencia entienda el proceso que conlleva el trabajo de la palabra de Dios en la vida del ser humano. También podemos observar el trabajo que hace la Iglesia en este mundo. Aquí encontramos cuatro escenarios en los cuales hay una interacción de la palabra de Dios con cuatro diferentes campos, la cual produce diferentes resultados en las diferentes personas involucradas.

Jesús, en la explicación a sus discípulos sobre la parábola (Mateo

13.18-23) dice que primero está el grupo que fue sembrado junto al camino. Este oye, no entiende y el diablo le roba lo que fue sembrado. El resultado: no hay fruto y la persona se pierde. Segundo, el que fue sembrado sobre pedregales. Este es el oyente emocional que no echa raíces y en las primeras pruebas abandona la carrera. El resultado: no hay fruto y éste también se pierde. Tercero, el que fue sembrado entre espinos. Este es el oyente muy enraizado en este mundo, sus afanes y riquezas. El resultado es que éste tampoco da fruto y se pierde. Por último, el cuarto grupo, que es sembrado en buena tierra. En este escenario, la semilla cae en buena tierra y hay fruto a ciento, a sesenta y a treinta por uno. Esta parábola, como dice Matthew Henry es "suficientemente clara y sencilla"[68] e ilustra los diferentes escenarios presentados arriba. La gente se va por distintas razones y no todos los que reciben al Señor se quedan en la Iglesia.

VII. CONSEJOS PRÁCTICOS PARA EVANGELIZAR

Primero: ora a Dios pidiendo dirección. Cuando vayas a evangelizar, asegúrate de orar a Dios por dirección para que Él te guíe en el tiempo, lugar y personas a las cuales les has de hablar del Evangelio. Segundo: sé amigable. Cuando hables de Cristo a otras personas, sé amable y no te disgustes si la persona asiste a otra iglesia, cree diferente que tú o sencillamente no quiere saber nada del Evangelio. Tercero: sé constante. Las personas se van a interesar si tú estás interesado. Si tú eres constante en tu evangelización es más que seguro que la gente se va a admirar por tu constancia. Cuarto: si vas a visitar a alguien, no vayas solo, hazte acompañar de otra persona. Recuerda que Jesús mandó a sus discípulos de dos en dos (Marcos 6.7). Esto puede evitar trampas del enemigo y situaciones de riesgo. Por último, si tu iglesia tiene grupos pequeños, únete a un grupo pequeño y presta

---

[68] Francisco Lacueva, *Comentario Bíblico de Matthew Henry* (Terrassa, Barcelona: Editorial CLIE, 1999), 1127.

tu servicio al líder de ese grupo. Trabaja en traer más personas a los pies de Cristo.

CONCLUSIÓN

Concluimos este capítulo enfatizando que todo cristiano tiene la responsabilidad de dar testimonio de Cristo y traer la mayor cantidad posible de personas a los pies de Cristo. Todos podemos hablar de Cristo y no debemos esperar a que se nos diga o comisione. Si Jesús lo hizo, el cristiano también lo debe hacer.

BIBLIOGRAFÍA

Arias, Mortimer. *Salvación es liberación*. Buenos Aires, Argentina: Editorial La Aurora, 1973.

Berkhof, Luis. *Teología Sistemática: Soteriología*. Jenison, MI: W.B. Eerdmans Publishing Co., 1995.

Butler, Trent. *Diccionario Bíblico Conciso Holman*. Nashville, TN: Broadman & Holman Publishers, 2001.

Costas, Orlando. *Compromiso y Misión*. San José, Costa Rica: Editorial Caribe, 1979.

Foster, Richard. *Alabanza a la disciplina*. Miami FL: Editorial Betania, 1986.

Kuen, Alfred. *Frente a la tentación: ¿cómo resistir?* Terrassa, Barcelona: Editorial CLIE, 2015.

Lacueva, Francisco. *Comentario Bíblico de Matthew Henry*. Terrassa, Barcelona: Editorial CLIE, 1999.

Lutzer, Erwin W. *Siete trampas del enemigo: Libérese de las garras del demonio*. Grand Rapids, MI: Editorial Portavoz, 2001.

Lyman, Jesse. *Historia de la Iglesia.*Miami, FL: Vida Publishers, 1999.

MacArthur, John. *Doce hombres comunes y corrientes.* Nashville, TN: Editorial Caribe, Inc, 2004.

Maxwell, John C. *Compañeros de oración.* Nashville, TN-Miami FL: Editorial Caribe-Betania, 1998.

_____. *Relaciones 101.* Nashville, TN: Editorial Caribe, Inc. 2004

Nelson, Wilton M. *Diccionario ilustrado de la Biblia.* Nashville, TN-Miami FL: Editorial Caribe, 1977.

Strong, James.*Nueva Concordancia Strong Exhaustiva.* Nashville, TN-Miami FL: Editorial Caribe, 2002.

Vila, Samuel y Santiago Escuain. *Nuevo diccionario bíblico ilustrado Vila-Escuain.* Terassa, Barcelona: Editorial CLIE, 1985.

Vine, William E. *Diccionario expositivo de las palabras del Nuevo Testamento.* Terrassa, Barcelona: Editorial CLIE, 1984.

Yonggy Cho, David. *Modelos para orar.* Miami FL: Editorial Vida, 1995.

FUENTES ELECTRÓNICAS

Chafer, Lewis S. *Teología Sistemática: La Iglesia, Seminario Reina Valera.* Consultado el 10 de Noviembre de 2015. Disponible en http://www.seminarioabierto.com/doctrina235.htm

El Confidencial: *Los beneficios de ir a la Iglesia.* Consultado el 19 de Abril de 2017. Disponible en http://www.

elconfidencial.com/alma-corazon-vida/2015-08-17/
que-hacer-depresioniglesia-deporte_969595/.

Noticiacristiana.com: *Ir a la iglesia ayuda a vivir más tiempo.*
Consultado el 19 de abril de 2017. Disponible en http://www.
noticiacristiana.com/ciencia_tecnologia/estudios/2016/05/ir-
iglesia-vivirmastiempo-harvard.html.

Vine, Diccionario Expositivo. *Enciclopedia Electrónica Ilumina.*
Nashville, TN: Caribe Betania, 1999.